W0044627

TRITT EIN IN MEINEN GARTEN

DANUTA SCHMIDT

Tritt ein in meinen Garten

PROMINENTE LADEN EIN

MIT FOTOS VON DIRK SCHNEIDER

neues leben

ES ZEIGEN IHRE GÄRTEN ...

DER ROSENKAVALIER

Er war vier Jahre alt, als er zum ersten Mal auf Schlittschuhen stand. Heute gehört Sven Felski als Stürmer der Berliner Eisbären zu den erfolgreichsten Sportlern auf Kufen. Der gebürtige Berliner wuchs in den achtziger Jahren in Hohenschönhausen auf, seine Jugend war bestimmt durch die Zeit an der Sportschule am Sportforum. Nach sieben Jahren Eiskunstlauf – also Ballettunterricht, Tanz, Pirouetten und doppelten Rittbergern – kam er zum Eishockey. Das war ein drastischer Wechsel: von der schönen Kunst zu einer der härtesten Sportarten der Welt. Mit dem Eisbären-Team ist er viel unterwegs. Sven Felski steht seit mehr als dreißig

Jahren erfolgreich auf Schlittschuhen und hat trotzdem Bodenhaftung behalten. Vor sechs Jahren hat sich seine Familie ein kleines Refugium am Stadtrand geschaffen. Seither bleiben jedes Jahr im Juni Schaulustige an seinem Gartenzaun stehen, nicht etwa wegen eines Autogramms. In Sven Felskis Garten wachsen Rosen. Prächtige Rosen. Eishockey spielen und Rosen hegen – das geht. Alles eine Frage des Standortes.

Den Kletterrosen gefällt es im Garten Felski. Dabei kann so viel dazwischenkommen bei einem so edlen Geschöpf wie der Rose: Frost, Krankheit, falscher Schnitt, zu viel Wasser, Nährstoffmangel. Hier wachsen die Kletterer in der prallen Sonne in Rot und Weiß auf lehmigem Boden. Und sie blühen nicht nur einmal im Jahr. »Im Lehm fühlt sich die Rose ja bekanntlich sehr wohl.« Sven Felski entwickelt fachmännische Qualitäten. Obwohl die Familie mit ihren Rosen-Erfahrungen erst am Anfang steht, blüht der Rosenbogen im Juni wie in einer jahrhundertealten Baumschule. Andere Rosenliebhaber müssen dafür Ratgeberbücher wälzen, allein der Rosenschnitt ist eine kleine Expertenleistung. »Es macht mir wahnsinnig viel Spaß. Vielleicht habe ich ja auch einen grünen Daumen.«

Als seine Tochter vier Jahre alt war, hat der Großstädter Sven Felski zum privaten Rückzug angesetzt und nach einem Ort für sein neues Haus gesucht. »Eigentlich wollte ich viel weiter weg von Berlin, wollte ein Häuschen im Grünen bauen. Meine Frau Manuela prophezeite damals das totale Landleben. Zwangsläufig muss man sich auf dem Land mit anderen Dingen beschäftigen, wenn die Stadt zu weit weg ist.«

Familie Felski hat es nicht bereut, sich für den Norden Berlins entschieden zu haben. Schnell ist man im Stadtzentrum und genießt doch die Ruhe des Stadtrands. Sven Felski möchte dieses ländliche Fleckchen Erde nicht mehr missen. »Als Kinder hatten wir nie einen Garten. Ich war immer ein Stadtjunge und habe mit Freunden auf Höfen gespielt.« Umso wichtiger findet er es jetzt, dass seine Tochter im Grünen groß wird. Während sich viele Stadtkinder nur in der Wohnung vorm Fernseher rumdrücken, kann sie den ganzen Tag draußen sein. Sie kann Radieschen selbst säen und ernten, hat eine Idee von Natur und sieht das Ergebnis ihrer Bemühungen. »Welches Stadtkind hat das schon?«

WACHSEN UND SCHNEIDEN

Wie ein grüner Teppich liegt die Wiese vor dem Haus. Rasenmähen ist Sven Felskis Metier. Boden unter den Füßen, der Geruch von frisch gemähtem Gras, gleichmäßig monotone Tätigkeit: das ist Entspannung. Blumen rahmen das grüne Stoppelfeld wie ein Passpartout: Stockrosen, Akelei, riesige Hibiskusblüten, Cosmea, Löwenmaul, Petunien. Dazwischen steht eine Windmühle aus Holz. Dann Taglilien und Klatschmohn zum in die Hände Klatschen.

Zu Beginn ihres Gärtnerdaseins gab es hier einen alten Obstgarten und eine sechs Meter hohe Tuja-Hecke rundherum, die den Garten regelrecht versteckte. Im ehemaligen Obstgarten steht nun das neue Haus,

die Tuja-Hecke ist geblieben. »Wir waren richtig eingeschlossen.« Man sah die Familie nicht, aber Familie Felski konnte auch nicht drüberschauen. Da hat sich der Sportler auf eine riesige Leiter gestellt und diese haushohe Hecke gestutzt. Er hat die Tuja um die Hälfte gekappt, an der Eingangsseite ganz ausgelichtet und über dem Eingang einen Torbogen geschnitten. Ja, auch in einem Garten sind schwerwiegende Entscheidungen zu treffen. Denn was ab ist, ist ab. Nun ist der Ausschnitt zum Nachbarn auf der anderen Seite der Straße frei. Und von der Terrasse hat man einen weiten Blick in die bunte Baumlandschaft der angrenzenden Gärten.

Sven Felski hat auch aufgeforstet. Fünfzig Kirschlorbeer-Pflanzen hat der Hobbygärtner als Begrenzungshecke auf der Nordseite des Grundstückes gepflanzt. Kirschlorbeer ist beinahe zur Pflichtpflanze vieler Gärtner geworden. Immergrün und pflegeleicht. »Mir gefällt dieses Dun-

»DEN GANZEN TAG IN GUMMISTIEFELN UND KARTOFFELANBAU, DAS KONNTEN WIR UNS NICHT VORSTELLEN.«

kelgrün und der Glanz. Dass sie so viel Wasser braucht, war für mich auch eine neue Erfahrung.« Das Hartlaub markiert nur, es begrenzt das Grundstück nicht. Kirschlorbeer ist keine Hecke, die zur Undurchsichtigkeit geriert. »Ich mag die Mischung, ein bisschen zugewachsen, aber auch ein bisschen transparent.« Während vor dem Haus alles sehr geordnet an seinem Platz ist, sich die Struktur-Freudigkeit des Hausherrn durchsetzt, ist hinter dem Haus Platz für Romantik.

FRIEDENSFRÜHSTÜCK

Hier wächst der wilde Nachbar in den Garten hinein. Flieder, Berberitze, Sanddorn, Haselnuss, ein alter Birnbaum, ein Apfel- und Pflaumenbaum ragen vom Nachbargarten herüber. Die Äste und Zweige sind Kulisse für einen wunderbaren Sitzplatz zum Frühstücken und ein freundliches Erntegeschenk zwischen Juli und September. Eine funktionierende Nachbarschaft ist etwas Wunderbares. Hier ist das Lieblingsplätzchen der Familie. Hier ist es windgeschützt und friedlich. Eine prächtige Hortensie hat seine Frau Manuela Felski hier postiert. Sie hat Gespür und einige Erfahrung aus dem Garten ihrer Eltern mitgebracht. Die Hortensie hat Morgensonne, die reicht ihr. Zu viel Licht mögen die Blätter nicht. Eine riesige Birke schüttelt sich, zeigt, wie windig es anderswo ist. Später

leuchten die Baumkronen der alten Obstbäume in der Abendsonne.

Die Hecke aus Berberitze schneidet Sven Felski, wenn der Nachbar dafür grünes Licht gibt. Das passiert, wenn dessen Frau nicht im Hause ist – die Kulissen-Gestalterin, bei der die Natur so ungeschoren wächst. Was dem einen zu wenig an Wildwuchs, ist dem anderen zu viel. Da sind sich selbst Herr und Frau Felski nicht immer einig.

DER STAR IM APFELBAUM

Für die Tiere dagegen kann es nie üppig genug sein. »Ich habe das große Glück, dass im alten Apfelbaum meines Nachbarn jedes Jahr ein Staren-Pärchen nistet. Es ist immer dasselbe Pärchen.« Sven Felski kann die beiden von seinem Küchenfenster aus beobachten. Als ob der Architekt davon gewusst hat. »Es ist schön zu sehen, wie die beiden Vogeleltern das Nest putzen, bevor der Nachwuchs schlüpft.« Nicht anders ist es bei den Menschen. Wenn die Kleinen dann da sind, gucken ihre Schnäbelchen aus dem Astloch. Nach drei bis vier Wochen sind sie flügge und testen das Vogelleben. »Ich glaube, ich habe mich verändert, seit ich hier wohne.« Sven Felski gibt dem Naturburschen in sich eine Chance. »Definitiv lerne ich, die Natur besser zu lesen. Ich erkenne inzwischen den Kauz, den Eichelhäher, Spechte oder den Fasan.« Er staunt

über die Artenvielfalt, obwohl immer mehr neue Häuser entstehen und der Lebensraum der Tiere dadurch beeinträchtigt wird.

HEKTIK UND STILLE

Für Sven Felski ist der Garten Kontrastprogramm. Auf der einen Seite erlebt der Eishockeyspieler die volle Arena mit Menschenmassen, Hektik und Trubel. »Es ist ja ein harter, lauter Sport. Viele feuern an, brüllen rum, wenn Entscheidungen nicht verstanden werden. Man steht permanent unter Druck.« Da ist Stille als Ausgleich gefragt. Den Pflanzen beim Wachsen zusehen. Es muss ja nicht gleich Meditation sein. Doch Stille muss man

auch ertragen können, besonders als aktiver Sportler. »Vielleicht habe ich durch den Sport auch so eine innere Unruhe. Ich bin nicht gerade der Liegestuhltyp. Dass ich einfach nur dasitze und genieße, das passiert wahrscheinlich nie. Ich finde immer etwas, das mir nicht gefällt.« Oft läuft er auch mit der Heckenschere durch den Garten: »Meine Frau rügt mich, wenn ich mehr schneide als gieße.« Aber manchmal sitzt er dann doch, meist mit dem Bruder, der neuerdings ebenfalls einen Garten hat. Und dann wird gefachsimpelt.

»FÜR EINEN HOBBYGÄRTNER HABE ICH GENAU DEN RICHTIGEN BERUF.«

BRÜDER UND ROSEN

Wenn sie sich treffen, die beiden Felski-Brüder, dann reden sie bei einem Bier eher selten über Sport oder Autos. »Wir erwischen uns immer wieder dabei, dass wir über Pflanzen reden: warum bei ihm die Rosen so mickrig sind oder wie ich die Hecke verschnitten habe. Das sind echte Frauengespräche.« Kommt der Bruder zu Besuch, hat er nicht selten eine Pflanze unterm Arm. Auch einige Rosenstöcke sind Geschenke von ihm. Dass es mal Rosen im Garten geben wird, wusste Sven Felski. Aber dass es so viele sein werden, und dabei noch so verschiedenartige, das hätte er nicht gedacht. Sicher kannte er vorher die klassische Edelrose. Von Ramblerrosen, Strauchrosen, ganz zu schweigen von historischen Rosen, die auch noch höchst unterschiedlich duften, hatte er noch nie gehört. Jetzt wachsen sie bei ihm – und wie.

Auf der Fahrt zu einem Eishockeyspiel braucht Sven Felski über den Garten oder die Rosen nicht zu reden. Es sei denn, er hat einen Baum gefällt und die Mannschaftskollegen wollen wissen, wie er das angestellt hat. Die Spielsaison für die Eisbären beginnt jährlich im Herbst. Da steht die Winterpause im Garten bevor. »Ich trainiere ja eine Wintersportart, bin vor allem zwischen Oktober und März unterwegs. Wenn der Garten wächst und gedeiht, habe ich Zeit für ihn. Optimal, oder?«

ULTIMATIVER GARTEN-TIPP: STRUKTUREN SCHAFFEN UND DANN WACHSEN LASSEN.

FENSTER MIT AUSBLICK

Sven Felski gibt es ungern zu, aber in Sachen Gartenplanung hatte bisher seine Frau immer das führende Händchen. Er war sich sicher, dass er die »Gartengestaltung« auch selbst hinkriegt. »Ich habe aber gemerkt, dass sie da einfach mehr wusste, und habe mich ergeben.« Manuela Felski weiß, wie viel Sonne bestimmte Stauden mögen, was im Kräuterbeet gern nebeneinander wächst, wo die Malve am besten aufgehoben ist. Sie ist die Expertin für den richtigen Wachstumsort. »Meine Frau hat strukturiert. Das, was schnell wächst und größer wird, das muss in die Ecke. Sie kennt die Schattenpflanzen und hat sie genau dort platziert, wo die Sonne nicht hinkommt.«

Den richtigen Platz zu finden, ist Pflicht. Zu dekorieren, ist Feierabend-Kür und ihre Passion: eine alte Karre wurde üppig bepflanzt, Holz- und Korbinterieur baumelt an Ästen und Klettergerüsten. Auch das Kräuterbeet war die Idee der neuen Landbesitzerin. Zuerst war da ein altes gusseisernes Fenster. Das hatte die Dekorateurin gefunden und wollte es integrieren, ein bisschen den alten Gemüsegarten aufleben lassen. Sven Felski hat gemeinsam mit einem Freund ein Mäuerchen drumherum gebaut. Das ergab ein Kräuterbeet auf drei kleinen Terrassen. Fruchtsalbei, Melone, Möhren, Erdbeeren, Pimpernelle, Estragon,

Sauerklee, Petersilie, Pfeffer. Wilder Wein wächst in das historische Fenster hinein, daneben Zucchini in Steinkörben. Später sollen noch der Komposthaufen und ein Brunnen hinzukommen. »Ja, ein kleiner Wasserlauf wäre schön.« Sven Felski hat schon einige Ideen für die nächste Gartensaison. Wenn auch die Rosen wiederkommen. Dann ist die Eissaison längst zu Ende.

FRUCHTSALBEI-CHIPS

Fruchtsalbei-Blätter verlesen, in Rohrzucker wälzen und in Öl fritieren.

MICHAEL
GWISDEK

Der Dschungel-Dekorateur

Sein Humor-Potenzial scheint unerschöpflich, ob beruflich oder privat. Das komische Talent hat ihm der Vater, ein Berliner Gastwirt, vererbt. Michael Gwisdek hat mit dieser Begabung allerdings einen anderen Weg gewählt. Zunächst machte er eine Ausbildung als Dekorateur und arbeitete als Plakatmaler, dann studierte er an der Staatlichen Schauspielschule. Nach Theater-Lehrjahren in Chemnitz kam er Anfang der siebziger Jahre nach Berlin, spielte an der Volksbühne, später am Deutschen Theater. Vor der Kamera stand er bereits 1968 in einem DEFA-Indianerfilm. Für den schrulligen Manager in »Nachtgestalten« bekam er einen »Silbernen Bären«, sein Durchbruch bundesweit. Das Rollen-Repertoire des Berliners reicht vom Säufer im Kinofilm »Herr Lehmann« bis zum Schuldirektor im Kassenschlager »Good bye Lenin«. Mitten im Schorfheide-Wald lebt der Sprücheklopfer und begnadete Schauspieler zurückgezogen mit seiner Frau Gabriela, zwei Hunden, einem Seidenhuhn mit blauer Haut und einem Marder, der so aktiv ist, »dass die Heide wackelt«.

Das Konzept seiner Gartengestaltung nennt der Siebzigjährige »kontrollierte Wildheit«. Sein Naturkunstwerk ist jahrzehntelange Arbeit. Eine Anleitung zum Selbermachen.

Die einen nennen es Ranch, andere Dschungel, manche Paradies. Michael Gwisdek bezeichnet seinen Garten als Landschaft. Nur eine Handvoll Häuser stehen in der Schorfheider Ansiedlung. Von außen ahnt man nichts von der Privat-Flora und Fauna hinter dem zugewachsenen Drahtzaun. Es ist ein fließender Übergang in die wilde Natur. »Ich möchte mir einbilden, das, was dahinter liegt, ist auch noch alles meins.« Das Eremiten-Dasein teilt der gebürtige Berliner mit seiner Frau. Sie hat ihn zu dieser Lebensform überredet. »Den größten Teil meines Lebens war ich Stadtmensch, aber hinten raus entwickle ich mich zum Naturburschen. Auch in Benehmen und Umgang. Ich mag keine Restaurants mit Tischdecken mehr.«

Gabriela Gwisdek brachte ihren Mann vor zehn Jahren dazu, die Stadtwohnung aufzugeben. Das war nicht schwer. Ein Jahr stand die Wohnung in Pankow leer. Dieses Probewohnen im Garten überzeugte ihn, den vielleicht etwas ruhigeren Teil seines Lebens zwischen Kleibern, Blindschleichen, Blaufichten, Wasserfällen und Streichelfischen zu verbringen. »Ich bewundere und bestaune die Natur jeden Tag und möchte so viel wie möglich davon um mich haben. Ich kenne draußen auch keine Langeweile. Körperliche Beschäftigung an der frischen Luft ist für mich ganz wichtig.« In seinem Schauspieler-Beruf muss er viel lesen, Texte auswendig lernen, alles Kopfarbeit. »Ich brauche den Spaten und die Karre und muss abends durchgeschwitzt ins Haus kommen.«

DIE TANTE

Seit Gwisdek auf der Welt ist, gibt es diesen Garten, der einst seiner Tante gehörte. Hier im Wald hat er mit seiner Mutter die letzten beiden Kriegsjahre verlebt. Schorfheide – Felder, Forst, das erste Reh. Die Frauen fischten den kleinen Stromer aus einem riesigen Ameisenhaufen, er wilderte für seinen Teich Kaulquappen und Salamander in einem Gewässer im Jagdgebiet der Regierung.

Die Tante flößte dem Großstadtbengel Respekt vor der Natur ein. »Hier durfte nie ein Ast abgebrochen werden. Jede Pflanze blüht. Alles ist schön, Unkraut gibt's nicht. Wenn ich das Haus verlassen habe, durfte ich nur dort entlanggehen, wo schon jemand das Gras niedergetreten hatte.« Michael Gwisdek mag auch heute keine angelegten Wege, sondern nur Wege, die sich ergeben. »Meine Tante hat mich inspiriert.« Und dann vererbte sie ihm auch noch ihr Haus. Als Gwisdek den Garten vor dreißig Jahren übernahm, konnte man bis in den Nachbarort sehen. Da stand die Schonung noch nicht, die er nach und nach aufgeforstet hat.

Der Dschungel ist ein vierzigjähriges Projekt, er wuchert und wird von Jahr zu Jahr üppiger. Die Anfänge hat die Tante noch miterlebt: »Ich hatte mir im Laufe der Jahre angewöhnt, immer etwas mitzubringen, wenn ich hierher fuhr, und dann hab ich es irgendwo eingepflanzt. Hatte ich nichts dabei, habe ich etwas am Straßenrand ausgebuddelt.«

In diesem Garten dominiert die Farbe Grün. Bunt gibt's nicht. Unkraut, Verzeihung Wildkraut, Gehölze und Bäume stehen friedlich beieinander. Rhododendron neben wilder Brombeere, Wein und Efeu an der Robinie, Springkraut, das durch den Garten springt. »Ich habe einen Unkrautgarten. Die Natur macht das so gut, wie man es selbst gar nicht hinbekäme. Meine Tante hatte auch keine Blumenbeete. Ich hasse angelegte Gärten.« Gwisdeks Garten ist auch angelegt. Nur ganz unauffällig.

Es gibt weder mehrmals blühende Rosen noch gefüllte oder gefranste Tulpen. Es gibt überhaupt keine Schnittblumen. Allein das Wort »Schnittblume«! Doch irgendwo blüht es immer in diesem Garten: Vergissmeinnicht Maiglöckchen, Butterblume oder wilde Malve. »Bei mir gibt's nur Wildblumen. Hier wird auch nicht gemäht, bevor die Butterblumen nicht verblüht sind. Solange die kleinen Fallschirme nicht geflogen sind, werde ich keinen Rasenmäher anfassen. Ich mähe höchstens zweimal im Jahr.«

> »GARTEN IST FÜR MICH NICHT WISSEN UM DIE PFLANZEN, SONDERN GUCKEN, WIE ES AUSSIEHT.«

DAS GWISDEKSCHE PFLANZ-PRINZIP

Im DEFA-Indianerfilm »Spur des Falken« mimte er einen Bösewicht, doch im Stadtcowboy von einst steckt mittlerweile ein echter Indianer, der die Natur versteht und das Ohr an den Boden presst: »Hier wächst eigentlich gar nichts. Es ist toter Sand, Karnickelsand. Der saugt kein Wasser auf, der versiegelt eher.« So haben die Naturbewunderer das meiste Geld in eine neue Erdschicht investiert. »Das Ganze hat noch nie Dünger gesehen, alles pure Natur.« Das Dschungel-Konzept war die Idee: Ein romantischer Garten für romantische Jahre sollte entstehen: Dafür hat Michael Gwisdek hunderte Pflanzen eingebuddelt.

Man darf nicht sehen, dass alles angepflanzt ist. Auf einen Quadratmeter Boden wachsen zwanzig verschiedene Blumen, Kletterpflanzen, Gehölze. Was durchkommt, kommt durch. In Gwisdeks Garten ist viel »getürkt«, wie er sagt. Es muss so aussehen, als ob die Natur es so wolle. Für seinen Konzeptgarten müssen auch neue Wortschöpfungen herhalten: »Ich bin Gruppenpflanzer.«

Der Mann des originellen Gedankens hat sich einiges bei den Profis abgeguckt: »Ich pflanze immer in Büschen, nie eine Pflanze einzeln. Es kommen mindestens drei Blumentöpfe in ein Erdloch.« Als er noch am Pankower Amalienpark wohnte, hat er es im Schlosspark beobachtet: Die Gärtner setzten immer drei unterschiedliche

Pflanzen zusammen, ein gemeinsamer Stamm und verschiedene Blättersorten.

Michael Gwisdek ist nicht nur darstellender, sondern
auch bildender Künstler. Das Gestalter-Handwerk hat er

drauf, nicht nur, weil er es gelernt hat: »Ich bin eher der
Dekorateur, pflanze aus dem Bauch heraus.« Der Naturfreund, der sich die Namen seiner Hundertschaften sowieso nicht merken kann, hat ein geschultes Auge: »Man

muss die Pflanzen mischen: gelbe Blätter, grüne Blätter, große Blätter, kleine Blätter.« Bambus neben Clematis und Buchsbaum, wilde Eiche neben Wacholder, Ilex neben Haselnuss. Es ist eine Inszenierung mit offenem Ende. »Du musst Räume frei lassen, damit sich alles ausbreiten kann. Schnellwachsende Pflanzen müssen nach hinten, damit sie die anderen nicht verdecken.«

Michael Gwistek ist bekannt für sein tolerantes Naturell. Neben den Straßenrand-, Baumschulen- und Geschenkpflanzen gibt es auch einige Exoten, die eine weite Reise hinter

»ICH KANN STUNDENLANG DASTEHEN UND UNKRAUT GIESSEN.«

sich haben, zum Beispiel den Baum der Reisenden. Der Wappenbaum Madagaskars heißt vermutlich so, weil seine Blätter in östlich-westlicher Ausrichtung wachsen und Orientierungshilfe bieten. Das sind die Empfindlichen, die die kalte Jahreszeit im Wintergarten überstehen. In Kingston, Jamaica, waren die beiden im Garten von Bob Marley. Alles, was da wächst, ist Originalzustand, Betreten verboten. »Da hat Gabriela einmal mit der Hand in die Erde reingefasst und das Erbeutete zu Hause in den Blumentopf gesteckt.« Nun wächst Bob Marleys Garten in Michael Gwisdeks Garten weiter.

WASSER MARSCH!

Gwisdeks Spieltrieb ist auch hinter den Kulissen ausgeprägt. Sein Lieblingsspielzeug ist Wasser. Der Teich, den er als Kind angelegt hat, soll hundert Jahre alt werden. Aus Steinen baut er heute kleine Wasserläufe in seine Landschaft, als seien es Quellen, die der Erde entspringen.

»Angeln fand ich immer langweilig, bis ich merkte, ich mach genau dasselbe, bloß nicht mit einer Angel, sondern mit einem Wasserschlauch. Ich stell mir vor, welche Pflanze jetzt wie viel Wasser braucht und wie tief das Wasser sickert.«

Wenn es geregnet hat, geht der Gieß-Experte raus und wässert seine Pflanzen. »Die Leute denken, ich hab 'n Rad ab, weil ich nach dem Regen gieße.« Wenn der Boden ein bisschen aufgeweicht ist, saugt er das Wasser besser auf. Darum wächst bei ihm auch mehr als bei allen anderen. Um den Naturkreislauf in Schwung zu halten, hat der Hobby-Hydrologe unter Aufsicht eines uralten Brunnenbauers selbst einen Brunnen gebohrt, 22 Meter tief!

GEWALT GEGEN NATURGEWALT

Schauplatz Gestrüpp: »Ich pfusche schon ganz gern rein.« Alles soll so natürlich wie möglich aussehen, obwohl der »Dschungel-Gestalter« kräftig mitmischt und der Natur sagt, wo es langgeht. Diese breitet sich unaufhaltsam aus. »Meine Lieblingsbeschäftigung ist, Zweige zu vergewaltigen. Ich habe immer Draht dabei, wenn ich durch den Garten gehe. Das meiste ist angebunden, unauffällig, versteht sich.« Der Mann mit dem Leinenhut führt Regie in seinem Naturfilm: »Ich möchte, dass der Ast so wächst, dass er an einer bestimmten Stelle rauskommt. Dann binde ich ihn an oder verknüpfe ihn mit anderen.« Man hat den Eindruck, dass die Natur es genauso machen wollte. »Es muss so aussehen, dass andere sagen: ›Du hast dir ja ein schönes Fleckchen ausgesucht!‹ Dann kann ich mit Stolz sagen: ›Ich hab es mir so gebastelt, das Fleckchen, das da so natürlich aussieht.‹«

Gwisdeks Garten ist ein Biosphären-Reservat, und entsprechend sieht der Verhaltenskodex aus: »Bei mir darf man keinen Zweig abbrechen. Das ist für manche Besucher ein Alptraum, besonders wenn sie Kinder mitbringen. ›Lass den Ast bitte‹, sage ich. ›Hier darfste ja kein Blatt anfassen‹, heißt es dann.« Michael Gwisdek nimmt in Kauf, der böse Onkel zu sein, der nichts

DER ULTIMATIVE GARTENTIPP: NACH DEM REGEN BESTIMMTE PROBLEMSTELLEN SPRENGEN.

erlaubt. »Ich bin da richtig zickig. Auch das habe ich von meiner Tante.«

»Mein Garten ist eine von mir gestaltete Landschaft.« Aus dem Aushub vom Hausbau wurde eben ein Berg. Man könnte denken, die Eiszeit habe das alles organisiert. Schließlich ist die Schorfheide dafür bekannt, dass sie abwechslungsreich ist. Das neue Haus, das er mit dem alten Haus seiner Tante verbunden hat, steht mitten in dem Dschungel. Die Holzterrasse hat er liebevoll um ein kleines Ahornbäumchen angelegt.

Alles muss natürlich gewachsen und von der Natur beansprucht aussehen. Eine Patina legt sich wie ein Schleier auf Haus und Landschaft. »Bei mir muss Moos auf den Ziegelsteinen wachsen. Andere machen das weg. Ich kultiviere das Moos und gieße es auch.« Aus alten, handgestrichenen Zehdenicker Ziegeln baute der begabte Handwerker ein Terrassen-Mäuerchen und eine Brücke über den Teich. Die bunten Koi-Karpfen vor der Hauswand brechen das Bild des Naturidylls ein wenig auf. Die beiden ahnungslosen Aquarianer hatten ein paar Fische gekauft, die immer größer wurden. Für die musste nun das riesige Becken her, Wellness für die Streichelfische, die auch ins Haus hineinschwimmen können. »Manchmal sitze ich beim Frühstück auf der Terrasse, habe eine Hand im Wasser und streiche die Kois.«

Am Ende des Gartens steht neben dem Hühnerhaus ein Gewächshaus. Hier wachsen Tomaten und Gurken. Gabriela Gwisdek baut das Gemüse an, jedes Jahr ein bisschen mehr für ein bisschen mehr Unabhängigkeit. »Ein Garten, der nur Obst hat, würde mich langweilen. Wir haben seit fünf Jahren Obstbäume, und drei Äpfel hängen dran und eine Kirsche.« Auch bei der Ernte verlässt sich der Naturbursche auf die Natur. »Hier wachsen Walderdbeeren, Pilze und wilder Wein. Und wir haben eine Felsenbirne mit Beeren. Meine Tante sagte immer: ›Die sind giftig, geh nicht ran!‹« Die Beeren reifen über drei Monate. Die unreifen sind schwach giftig. Doch seine Frau hat recherchiert: Die Felsenbirnen-Früchte sind sehr gesund, venenerweiternd und helfen bei Herz-Kreislauf-Problemen. Also kocht Gabriela seither für Michael Überlebensmarmelade. »Einmal hat sie die Marmelade Gästen angeboten. Da bin ich durchgedreht. ›Das sind meine Dinger‹, hab ich gesagt, ›die brauche ich noch für den Winter.‹«

ZWÖLF MONATE LEBEN VOR DER TÜR

Während viele Landmenschen an der frischen Luft nur ihre Arbeiten verrichten, leben die Gwisdeks draußen. Sie haben ihr Wohnzimmer immer mehr in den Garten verlagert: »Wir leben hier bewusst draußen im Freien:

Dieses Naturschauspiel! Du sitzt draußen und hast einen Sternenhimmel oder du hast die laue Luft. Diese frische Luft ist schon ein Hammer.« Oder die beiden genießen das Prasseln der Regentropfen auf das Terrassendach. »Ich habe das Haus so angelegt, dass ich für jede Witterung in unseren Breiten draußen ein bequemes Plätzchen habe. Da muss man nicht nach innen flüchten, wenn man

frühstückt und es zu nieseln beginnt.« Wenn es heiß wird, kann Gwisdek, der kein Sonnenanbeter ist, zwischen Schattenplätzchen im Freien oder unterm Hausdach wählen. »Ich bin Fan von ›Such dir ein schattiges Plätzchen‹.« Für die Eistage gibt es eine Feuerstelle auf der Terrasse. »Dann sitzen wir auch im Winter hier draußen am Feuer mit 'ner Strickjacke. Manchmal schlafen wir auch hier. Es schneit, alles ist weiß, und man ist dabei.«

Das Geld für Waschbecken und Dusche im Haus hätte er sich sparen können. »Ich habe mir angewöhnt, mich jeden Tag in der Natur zu waschen.« Die Idee ist noch nicht zu Ende gedacht: »Dann muss ich mit nassen Händen und am ganzen Körper tropfend durchs Haus latschen, um mich abzutrocknen. Schließlich hängt in der Natur kein Handtuch.«

Sein Lieblingsort im Freien ist ein ganz bestimmter Platz auf dem Terrassen-Sofa, von dem aus er alles im Blick hat: seine schöne alte Holzlaube, die Kiefern des benachbarten Waldes, das Feuer, seine Fische, die Wasserfälle, seine Frau Gabriela an ihrem Schreibtisch, seine Gäste. Hier in seinem Wald- und Wildwiesenreich gibt er den König: »Ich habe früher viel in Schlössern und Gärten gedreht.« Dort hat er sich mit den Park-Gärtnern unterhalten. Die zentrale Frage war: Wo sitzt der Gebieter, und wie sitzt er? Es muss der Platz im Raum sein, von dem Sichtachsen in alle Himmelsrichtungen verlaufen. Wo der Chef den Überblick behält.

»Ich muss aufpassen, dass die Sichtachsen nicht zuwachsen. Ich sitze hier und bestimme mein Panorama, ob ich in zwanzig Metern den Ast abmache, damit ich weiter gucken kann. Das muss von hier entschieden werden.« Wie einer, der vor einem Kunstwerk steht und es in seiner Gesamtheit erfassen will. »Was mir in meinem Garten fehlt, ist Weitblick. Ich kann nicht alles haben, entweder oder. Wir leben hier im Wald.« Außer den Kiefern und Birken hat Michael Gwisdek alle Bäume selbst gepflanzt. Vor ein paar Jahren musste er einige davon auslichten. »Ich schneide mir den Himmel frei, wenn er nicht mehr zu sehen ist. Ich stehe täglich im Wettbewerb mit der Natur. Es gibt ja Leute an der Ostsee, die bauen sich was vors Haus und sehen nie die See ...«

Felsenbirnenmarmelade

1 kg Felsenbirne, 350 g Gelierzucker 3 : 1, 1 TL Zitrone, 100 ml Holundersaft
Die Früchte am besten pürieren, so wird die Marmelade feiner.

ANDREJ
HERMLIN

DER KINDHEITSGARTEN

Seit 25 Jahren ist Andrej Hermlin, der Sohn des Dichters Stephan Hermlin, mit seinem Swing Dance Orchestra erfolgreich. Der Musiker reist um die ganze Welt. Heute Berlin, morgen New York, übermorgen die zweite Heimat Kenia. Wenn er nicht probt oder mit seinem großen Orchester auftritt, bestreitet er Lesungen oder kümmert sich um seine anderen Leidenschaften: Oldtimer und historische Flugzeuge. 2008 fand sich der politisch aktive Mann in Nairobi in Untersuchungshaft wieder, weil er die Demokratiebewegung des Landes unterstützt hatte. Der gebürtige Berliner hat seinen Lebensmittelpunkt in Berlin-Pankow. Er bewohnt mit seiner Familie das Haus, in dem auch sein Vater fünfzig Jahre lebte. Das Grundstück um das Haus hat sich seit seiner Kindheit völlig verändert. Aus dem wilden Urwald von einst ist ein pflegeleichter Garten geworden. Der Dichter-Sohn lebt nun das Kontrastprogramm.

Am riesigen Garten, dessen Ende man erlaufen, aber nicht sehen konnte, ließen sich die Jahreszeiten genau ablesen, sogar riechen. Der Garten war wild, voller urwüchsiger Bäume. Im Spätsommer roch es süßlich nach heruntergefallenen Äpfeln und Pflaumen. Und was der Garten optisch hermachte: Ein Blütenmeer im Frühjahr wurde zum Blättermeer im Herbst. Nur der kleine Andrej und seine Freunde genossen dieses Paradies, badeten und tobten darin. Nie wieder in seinem Leben hat Andrej Hermlin so viel Zeit in einem Garten verbracht. Der Garten war Spielplatz, Kletterwald, Versteck, manchmal auch sein Geheimnis. Es war eine Kindheit mitten in einem Berliner Urwald.

Der Musiker konnte das Paradies seiner Kindheit retten. Andrej Hermlin kaufte den Ort seiner Erinnerungen vor sieben Jahren zurück und ließ die Zwanzigerjahre-Villa, in der er aufwuchs, restaurieren. »Mein Sohn kann nun in meinem Zimmer aufwachsen. Es ist ein schönes Haus. Es gab viele Gründe, zurückzukommen.« Auch, wenn das Anwesen nach viel Arbeit aussah: Die Natur hatte die Kultur überwältigt, die zähen hatten die zarten Pflänzchen verdrängt. Kein Weg war mehr zu erkennen. Die Bäume lagen kreuz und quer. Eine Efeuschicht breitete sich über dem Wildwuchs aus. »Es war verwildert, das ist die freundliche Beschreibung. Verwahrlost könnte man auch sagen.«

Das Land wurde geteilt und aufgeräumt. »Wir haben ganz schön ausgeforstet. Schließlich wollten wir unseren neuen kleinen Garten auch betreten können.« Es gab wenig Platz für Sentimentalität. Auch der Swimmingpool aus den zwanziger Jahren war nicht mehr zu retten. Nur der Altbaumbestand auf einer Hausseite blieb erhalten. Die alles überragende Robinie vor dem Balkon steht noch,

auch wenn Hermlins kenianische Frau Joyce diesen Riesen
am liebsten loswerden wollte. Der Musiker beobachtete
manchmal, wie sie mit dem Fuß dagegen trat. »Sie hat
Angst, dass der Baum uns irgendwann aufs Dach fällt.«

BAUMGESCHICHTEN

Doch nicht alle Erinnerungen sind umgegraben und
entwurzelt worden. Die Bäume, die im Garten verblieben
sind, erzählen Geschichten: In einen Nussbaum hatte
Andrej vor vierzig Jahren eine Seilbahn gebaut. Verbunden
mit dem Badezimmer im Obergeschoss führte sie direkt
in den Garten. »Tiere meines Tierclubs konnten damit in
den Garten hinunterfahren. Der Nussbaum war die Au-
ßenstation.« Auch im hinteren Teil des Gartens wuchs
ein Nussbaum, auf dem der Junge herumkletterte. Er war
vielleicht sechs Jahre alt, als er einmal abrutschte und sich
den Fuß einklemmte. Zwei Stunden hing er fest, alle
Hilferufe waren vergebens. Erst als er nicht zum Essen
kam, suchte man nach ihm.

   Andere uralte Bäume, die in der Nacht zu gespensti-
schen Schatten wuchsen, boten Kulissen für abenteuer-
liche Spiele. Hinter dem Haus stand eine große Kastanie,
die auseinanderbrach. Ein 25 Meter großes Baumteil
stürzte herab und blieb jahrzehnte lang liegen. Ein fan-
tastischer Urwald entstand für die Kinder, die darin her-

umhangelten. Man kann Abenteuerspielplätze kreieren,
bei Familie Hermlin machte es die Natur von allein.

   Früher fuhr Andrej mit dem Rad durch den Garten. Es
gab angelegte Wege. Mit jedem Jahr verloren sie sich mehr
und mehr unter der Wildpflanzendecke. Am Ende waren
sie völlig überwuchert – wie auch die Ziele, zu denen sie

führen: Hinter der Zwanzigerjahre-Villa mit Klingelanlage, Damen- und Herrensalon lag das Hexenhäuschen. Es steht auch heute noch, allerdings auf dem Nachbargrundstück. »Das war die Residenz unserer ›Cobrabande‹. Dort sind wir immer herumgestiegen, was nicht ganz ungefährlich war, weil die Fenster kaputt waren und überall Glasscherben herumlagen. Wir wohnten sogar auf dem Dach.« Er suchte die Nähe zur Natur und zu den Nachbarkindern. Stromern, Klettern, das war das perfekte Kontrastprogramm zu seinem sonstigen Alltag, in dem das Erlernen eines Musikinstrumentes eine große Rolle spielte.

STEPHAN HERMLIN OHNE GIESSKANNE

Im Grunde genommen hat der Musiker diesen Ort, sein Geburtshaus, nie richtig verlassen. Ein Messingschild am Eingang erinnert an den Vater: »Hier lebte von 1947 bis 1997 der Schriftsteller Stephan Hermlin«. Nachdem er aus der Emigration gekommen war, wurde Andrej Hermlins Vater für mehr als die Hälfte seines Lebens zum Mieter der Villa in Pankow-Niederschönhausen. »Weder mein Vater noch meine Mutter wollten allerdings mit dem Garten an ihrem Haus etwas zu tun haben. Sie saßen selten im Garten, pflegten ihn nicht. Ich habe meine Mutter nie im Garten irgendetwas machen sehen.«

Einmal hat Stephan Hermlin einen Gärtner bestellt, der prüfen sollte, ob der Wildwuchs noch mit der Hand zu bändigen wäre. Die Wiederherstellung des Gartens würde er selbst persönlich nicht mehr erleben, antwortete der Fachmann und lehnte die Herausforderung ab.

Dabei hatte der Garten Potenzial: Äpfel, Birnen, Pflaumen, Kirschen. Die zahlreichen Obstbäume wuchsen unbeachtet: Manchmal wurden die Früchte gegessen, wenn man den richtigen Zeitpunkt erwischte: »Ich war als Kind fasziniert von den Kirschen, wartete auf den Tag, an dem wir sie pflücken konnten. Ich beobachtete, wie sie immer dunkler und dunkler wurden.« Und dann passierte jedes Jahr dasselbe: Am Tag der Ernte waren die Kirschen alle weg. Die Singvögel waren der Familie Hermlin einen Tag voraus.

Irgendwann ging die Hausklingel kaputt. Damit stand die Villa offen für Freunde, Schriftstellerkollegen, aber auch mal ungebetenen Besuch von einer Frau, die Manuskripte zum Lesen abgeben wollte. Man traf sich immer im Haus. Ausufernde Gartenpartys gab es nicht. Schon weil man den Garten dafür hätte herrichten müssen.

> »ALLES, WAS AN INTERESSANTEN DINGEN IN MEINER JUGEND GESCHAH, GESCHAH IM GARTEN.«

»Meine Eltern gaben keine Partys. Mein Vater hasste Gartenfeste wie die Pest. Geburtstage haben wir gefeiert, aber nicht so, dass da der Champagner in Strömen floss.« Der Garten hatte etwas Öffentliches, dem Schriftsteller war er nicht intim, nicht sicher genug. Dafür hatte er einen triftigen Grund, denn das Nachbargrundstück gehörte dem MfS. Dort wurde immer mal überschwänglich gefeiert, im Freien. »Einmal habe ich mich draußen im Schatten unseres kleinen Urwalds versteckt. Das war in unserem Garten nicht schwierig. Ich spielte damals gerade Saxophon, hatte es dabei.« Aus dem Dickicht des Hermlin-Gartens störte der Sechzehnjährige dann mit schrägen Tönen das Vergnügen der Nachbarn und stellte sich vor, wie man sich dort fürchterlich über die Störgeräusche ärgerte.

NEUE ALTE HEIMAT

Hollywood-Schaukeln mochte Stephan Hermlin nicht, sein Sohn hat eine. »Ich finde sie ganz lustig. Wir sind heute oft im Garten und grillen. Die Kinder spielen draußen. Ich kann mich wunderbar im Freien entspannen.« Der einstige Garten bleibt ein wichtiger Lebensabschnitt und prägte Hermlins Verbundenheit zur Natur. Aus 2 500

DER ULTIMATIVE GARTENTIPP: DER GARTEN SOLLTE SO AUSSEHEN, WIE MAN SICH SELBST FÜHLT.

wurden knapp 800 überschaubare Quadratmeter. »Ehrlich gesagt hätte ich den riesigen Garten nicht mehr haben wollen.« Der Wildwuchs von einst ist Transparenz, Struktur und Übersichtlichkeit gewichen. »Alles hat seine Zeit. Als Kind fand ich es spannend, aber ich hätte es mir auch damals schon wesentlich geordneter vorstellen können.«

Der Blick vom Garten auf das Haus ist immer noch der gleiche, Winkel und Sichtachsen sind ähnlich geblieben. Den neuen Garten legte Andrej Hermlin selbst an, entwarf das Gartenhäuschen und den Carport mit transparentem Dach. »Ich habe mir ausgedacht, wie und wo die Wege verlaufen könnten, habe alles grob skizziert. Ich mache vieles aus dem Bauch heraus, verfolge kein besonderes Konzept.« Der Amateurplaner mag keine nüchternen Gärten, in denen alles rechtwinklig und linear verläuft. Doch Klarheit muss sein. »Unser Garten soll ein relativ naturbelassener magischer Ort sein.«

»MEIN VATER WÄRE ÜBERRASCHT, WENN ER DEN GARTEN HEUTE SEHEN WÜRDE.«

LORBEER-URLAUB

Zwar sind die Kletterbäume und Abenteuer-Wurzeln verschwunden, doch Andrej Hermlin hat auch eigene Erinnerungen gepflanzt, vor allem immergrünen Kirschlorbeer. Als er ein Junge war, reiste die Familie jeden Sommer ins Tessin zu einem befreundeten Verleger. Dort begrenzten Lorbeerhecken Straßen und Plätze. »Ich mag diesen Lorbeer-Anblick. Es ist ein Rückblick in meine Kindheit.« Die Sträucher werfen ihre Blätter nie ab. »Was ich nicht ausstehen kann, sind kahle Bäume. Alles, was hier im Garten wächst, ist immergrün.« Buchsbaum, Eibe, Rhododendron und Mispel wechseln sich ab. Aus der Gartenmitte ragt die gigantische Robinie. Außerdem zieren heute sämtliche ehemalige, durchaus sehr krumme Weihnachtsbäume der Dichter-Musiker-Familie Hermlin den kleinen Garten. Auch den Flieder, der seit Jahrzehnten hinter dem Haus wächst, hat Andrej Hermlin behalten. Und seinen Spielgefährten, den alten Nussbaum.

»Am liebsten sitze ich auf dem Balkon.« Von dort aus überblickt er seinen Garten am besten. Zwischen all den Gehölzen glänzt saftiger grüner kurzer Rasen. Es fallen kaum Gartenarbeiten an. Ab und zu muss der Rasen geschnitten und gesprengt werden. Das ist wohldurchdacht, wenn man weiß, wie oft Andrej Hermlin nicht in seinem Garten sein kann. »Ich vertrete keine Extreme. Ich gucke mir gern englischen Rasen an und finde ihn

sehr schön, wenn ich ihn denn noch betreten darf.« Der Stilmensch Andrej Hermlin hat seinen Garten auch möbliert. Zu den Original-Stilmöbeln des Art déco sowie einer edlen Musiktruhe, die auch nach 60 Jahren immer noch vorzüglich Vinyl abspielt, hat er einen gusseisernen cremefarbenen Pavillon aufgestellt. In Blickweite bezeugt eine weiße Gartenbank Andrej Hermlins Gestaltungswillen. »Für einen Amateur habe ich es doch ganz gut hingekriegt, oder?«

FRISCHE ERDBEEREN

MIT PUDERZUCKER

»Ich mochte am meisten den

Anblick.«

KENIA STATT KIRSCHEN

Den Obstgarten gibt es nicht mehr. Einen einzigen Apfelbaum hat Andrej Hermlin in seinem neuen alten Garten. Er war schon zwanzig Jahre alt, als Hermlin ihn pflanzte. Der Apfelbaum wurde noch vor der Wende gezüchtet. »Der vier Meter hohe Baum wurde mit einem riesigen Lastwagen geliefert. Ich habe überhaupt keine Geduld. Ich wollte nicht darauf warten, dass er wächst. Es ist ein DDR-Apfelbaum.«

Dafür ist das Obstangebot in seiner zweiten Heimat um so exotischer. Im Geburtsort seiner Frau, einem kenianischen Dorf, hat der Stadtmensch eine Villa gebaut, die er in den Sommerferien mit Joyce und seinen beiden Kindern für sechs Wochen bewohnt. »Dort haben wir viel Obst. Bei uns im Dorf wachsen jede Menge Bananen und Mangos.« Abgesehen von den Reisen nach Kenia wird Andrej Hermlin jedoch langsam sesshaft. »Ich merke, je älter ich werde: Die meiste Zeit möchte ich an einem Ort verbringen, an dem ich mich gut fühle. Und das ist hier, wo ich zu Hause bin.«

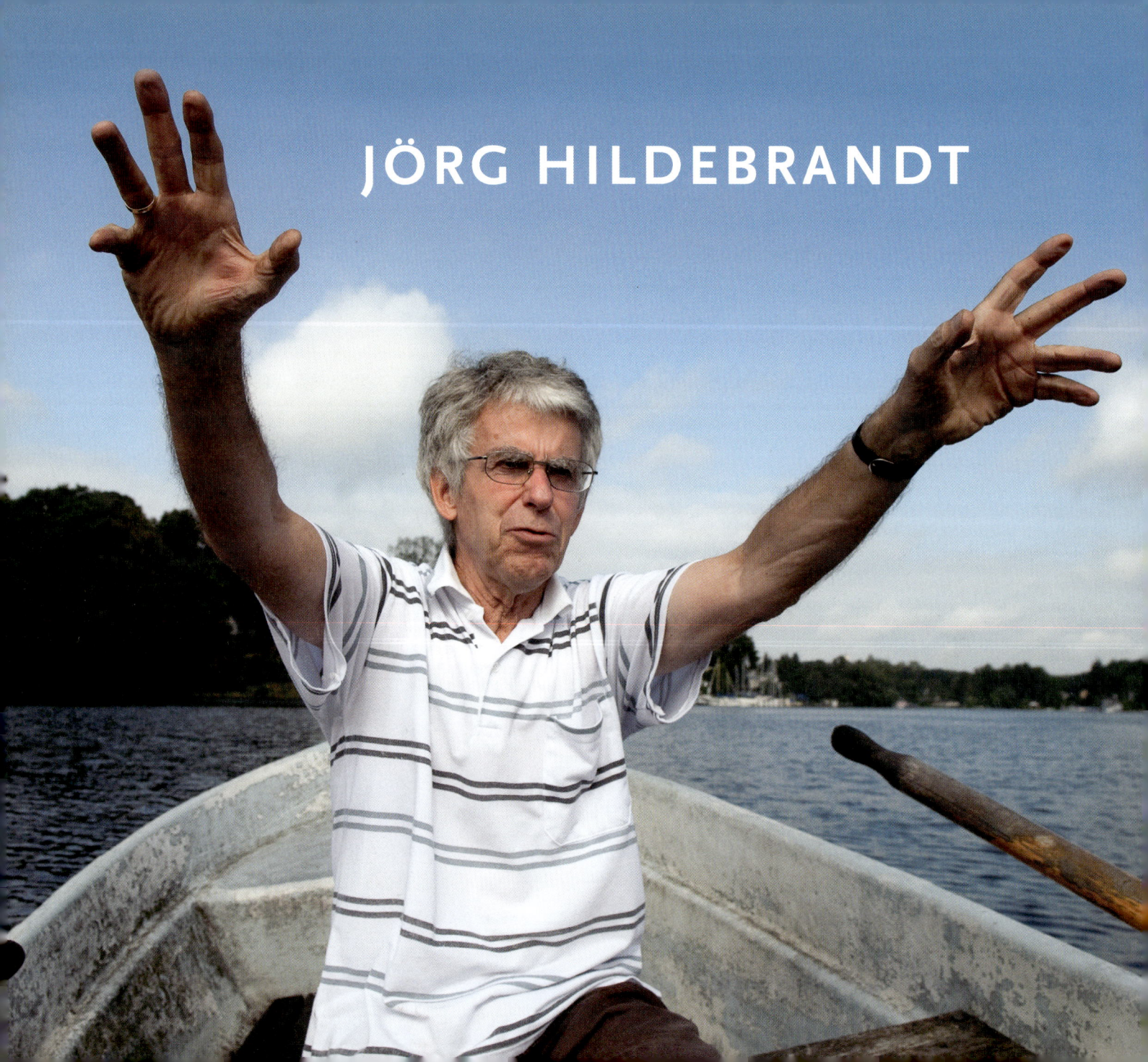

JÖRG HILDEBRANDT

WUCHT DER NATUR

Bei einem offiziellen Empfang verschaffte er sich kokett Einlass: »Lassen Sie mich bitte durch! Ich bin die ›Frau von Regine Hildebrandt!‹« Bis zur Wende arbeitete Jörg Hildebrandt als Lektor in einem evangelischen Verlag. Anfang der neunziger Jahre übernahm der studierte Publizist Leitungsfunktionen im Ostdeutschen Rundfunk Brandenburg (ORB). 1997 zog der Berliner, der in der Bernauer Straße groß geworden war und den Bau der Berliner Mauer hautnah miterlebt hatte, mit der Familie zum Flakensee in Woltersdorf. Vier Jahre später starb Regine Hildebrandt. Das Mehrgenerationenhaus, in dem Jörg Hildebrandt, sein Bruder, eine Cousine und seine jüngste Tochter mit ihrer Familie wohnen, steht am Hang eines Terrassen-Grundstücks. Eine schmale Treppe verbindet das neugebaute Haus mit dem Wasser, führt zur Uferkante des Flakensees. Dazwischen liegt der verwilderte Garten. Auch wenn er schon fünfzehn Jahre hier in der Natur lebt und einige Begegnungen hatte, die aus ihm einen leidenschaftlichen Gärtner hätten machen können: Jörg Hildebrandt ist Stadtmensch geblieben.

Die Segelmasten im angrenzenden Bootshafen klirren, eine Möwe schwingt auf der Reling mit. Die Weide am eigenen Ufer, die Regine Hildebrandt vor zwölf Jahren pflanzte, bricht das Licht und zeichnet einen grün-weiß melierten Morgenschatten. Der beginnende Tag ist seine Zeit: Um sechs Uhr läuft der Frühaufsteher Jörg Hildebrandt die lange Steintreppe zum See hinunter. »Das ist meine Welt. Ich sitze gern am See, vor allem, wenn es auf dem Wasser ruhig ist. Manchmal schwimme ich durch den aufsteigenden Nebel. Die Enten begleiten mich über den See, und danach laufen sie mir gelegentlich bis ins Haus hinterher.«

Oft rudert Jörg Hildebrandt auch zur Woltersdorfer Schleuse, beobachtet Kormorane und Fischreiher auf den Holzpfählen im Wasser. Hinter dem gegenüberliegenden Wald bildet sich immer mal eine große Wolke, eine einzelne nur. Es ist der Wasserdampf, der über dem dahinterliegenden See aufsteigt. Ein mystischer Anblick.

Auch seine Frau Regine hatte eine besondere Beziehung zum Wasser. Im Winter wagte sich die begnadete Schlittschuhläuferin

DER ULTIMATIVE GARTENTIPP: WEM DER EIGENE GARTEN DIE RUHE RAUBT UND EIN SCHLECHTES GEWISSEN MACHT, WIRD WOHL KEIN NATURFREUND SEIN. ICH RATE IHM, INS HAUS ZU FLÜCHTEN, DIE FENSTERLÄDEN ZU SCHLIESSEN UND SICH SCHLAFEN ZU LEGEN.

immer etwas zu weit auf den See hinaus und versetzte ihre wartenden Töchter in Unruhe. Im Sommer genoss sie das Schwimmen, das sie meisterhaft beherrschte. Regine Hildebrandt war sogar Rettungsschwimmerin. Zum Baden kam sie erst nach Dienstschluss, und da war es oft schon dunkel. »Einmal kam sie ziemlich verschreckt aus dem Wasser«, erinnert sich Jörg Hildebrandt. Sie war während des Schwimmens die ganze Zeit verfolgt worden. Als sie sich zur Seite drehte, erkannte sie, dass ihr ein Wildschwein folgte. Nur eine jähe Wendung hat sie vor einem Zusammenstoß bewahrt.

»Meine Frau hatte immer ein engeres Verhältnis zur Natur als ich.« Sie war nicht nur eine passionierte Biologin, sie genoss die Flora und Fauna. Am liebsten wollte Regine in einer Försterei mitten im Wald leben. Ihr Mann Jörg schüttelt heute darüber den Kopf. »Das kann sie nie ernst gemeint haben. Ich kann mir nicht vorstellen, dass sie das realisieren wollte. Vielleicht war das mal ihr Mädchenwunsch, wie sie auch mal Tierärztin werden wollte. Regine hatte furchtbare Angst, allein im Wald zu sein. Sie traute sich nicht einmal den Weg von der S-Bahn allein zu uns zu

laufen. Auch in Berlin hat sie jedes Mal unters Bett geguckt, wenn ich nicht da war.«

In eine Försterei im Wald wäre Jörg Hildebrandt auch nicht mitgekommen. Als die Familie noch in Berlin wohnte, genossen die jungen Eltern die Nähe zu Theater und Oper, zum Kulturleben der Stadt. »In der Theaterpause bin ich schnell nach Hause gegangen und habe nachgesehen, ob die Kinder gut schlafen.« Es ist auch heute noch so: Die Stadt lässt ihn nicht los. Während andere Altersgenossen ihren Ruhestand auf dem Land genießen und sich für ihren Mikrokosmos interessieren, bleibt der Journalist in Reichweite. Dreimal in der Woche ist der umtriebige Rentner in Berlin, ob in der Gedenkstätte Berliner Mauer, in der Friedrich-Ebert-Stiftung oder im Konzertsaal.

NATURMÄDCHEN UND STADTJUNGE

Seine Kinder dagegen hat es nach Brandenburg verschlagen. Der Sohn wohnt in Rangsdorf, die älteste Tochter mit der Familie in der Märkischen Schweiz, Landleben pur. Da hat die Zuneigung zur Natur von der Mutter abgefärbt.

Mit der Mutter war die Familie oft mit dem Pflanzenbestimmungsbuch im Wald unterwegs, sammelte Pilze und Beeren oder ging wandern. Manchmal hat Regine die Kinder mit ihren Vorlieben auch überfordert. Sie hatte die

Angewohnheit, Vogelstimmen-Kassetten im Auto zu hören. Nummer 765: Der Zaunkönig – dann ging das Gezwitscher los. Der Zaunkönig war ihr Lieblingsvogel. »Ich brauche keine vierzehn Tage Erholung. Ich gucke mir den Mond an oder den Wald, und dann rastet mein Relais auf Entspannung ein«, sagte die Politikerin einmal.

Jörg Hildebrandt hat eine andere Einstellung: »Mit der Natur ist es bei mir so: Es kann sein, dass ich durch eine schöne

»ICH BIN NICHT SO EIN VISUELLER TYP.«

Landschaft mit wunderbaren Rosenbeeten gehe, und ich sehe sie nicht.« Wie man die Natur gestalten kann, das überlässt Jörg Hildebrandt lieber anderen oder gleich der Natur selbst. So auch in seinem Garten.

Sein Metier war viele Jahre lang der Rundfunk. Als Hörfunk-Chefredakteur hat Jörg Hildebrandt Programm für die Ohren gemacht, mitten in Berlin. Für die Großstadtmenschen. Und ihm fehlt die Stadt. Trotzdem fühlt er sich hier unter dem Walnussbaum auf der Hausterrasse sehr wohl, es ist sein Lieblingsplätzchen, auch zum Arbeiten. Den Walnussbaum hat Jörg Hildebrandts Mutter gepflanzt, als sie dieses Grundstück gemeinsam mit ihrem Mann vor vierzig Jahren als Sommersitz kaufte. Der Baum erinnerte sie an ihre Herkunft, an das Elsaß. Links neben dem Baum steht der alte Friedrich aus Stein.

Von hier oben hat man einen wunderbaren Blick über den See, über den Wildwuchs hinweg. Das Auge hat sich daran gewöhnt.

DER WILDE GARTEN

Auf den drei Terrassen des Grundstücks wachsen dutzende Ahornbäumchen, Eichen, Robinien, überwuchert von Goldrute, Efeu, Gras. Nur direkt vor dem Haus ist noch ein Stück Gartenkultur hartnäckig geblieben: eine Hortensie und einige Rosen sind unter dem Wildkraut, wie Jörg Hildebrandt das Unkraut nennt, zu erkennen.

Regine Hildebrandt, die als Sozialministerin rund um die Uhr unterwegs war, hatte für Gartenarbeit keine Zeit. Die Natur im Garten blieb, wie sie war. Und doch arbeitete sie auf ihre Weise für die Natur. Sie beschenkte die Menschen mit ihrer ganzen Aufmerksamkeit und brachte von ihren vielen Reisen durch Brandenburg Marmelade, Obst, eingelegte Gurken: die Gaben der Natur, mit nach Hause. Einmal im Jahr ist der Garten heute Arbeitsplatz des Hausherrn. Dann kürzt Jörg Hildebrandt radikal, was bis dahin ungestört wachsen durfte. Und zwar alles, was sich durchgesetzt hat oder angeflogen kommt. Mit Anfang siebzig ist Gartenarbeit, wie sie hier anfällt, kaum noch zu bewältigen. Das gesamte Grundstück müsste komplett gerodet werden. Da bräuchte man schweres Gerät. Und einen ausgewiesenen Experten.

Dabei waren die Voraussetzungen für einen kultivierten Garten bei Familie Hildebrandt eigentlich gegeben: Seine Frau Regine war eine große Pflanzenkennerin, und er, der ehemalige Journalist, hat seine berufliche Laufbahn in einer Baumschule begonnen. In der Späthschen Baumschule Berlin-Treptow erlernte er den Gärtnerberuf. »Aber meist

> **»MIR BLEIBT NICHTS ANDERES ÜBRIG, ALS JEDEN HERBST EINEN HARTEN SCHNITT ZU MACHEN.«**

war ich nur im Gewächshaus und habe kleine Sämlinge gezogen.« Großes Interesse war nicht im Spiel. Jörg Hildebrandt wollte damals etwas machen, womit er sich überhaupt noch nicht beschäftigt hatte, er wollte Neuland betreten und hängte den Gärtnerberuf kurzerhand an den Nagel.

Später, da war er schon Lektor, begegnete der zurückhaltende Jörg Hildebrandt sogar dem großen Staudengärtner Karl Foerster. Eine Bekannte und er fuhren nach Potsdam. Da war Förster schon betagte 96 Jahre alt. »Es war ein sehr freundliches Gespräch zwischen uns. Foerster wusste, dass ich in einem Verlag arbeitete, und fragte

mich, was ich von dem Titel ›Es wird durchgeblüht‹ halte. Ich fand diesen Titel schrecklich. Die Natur ist alles andere als Mathematik. »Es wird durchgeblüht« klingt wie ein Befehl. Das sagte ich ihm auch. ›Der gefällt mir überhaupt nicht. Er ist so unpoetisch.‹« Das Buch erschien 1969 – mit diesem Titel.

Trotzdem durfte sich der Kritiker noch einen Blumenstrauß mitnehmen. »Ich habe mir einen in meinen Augen wunderbaren Strauß zusammengerupft.« Die entsetzten Blicke seiner Begleiterin konnte er erst später deuten. Sein Strauß war zwar kunterbunt, aber es stimmte angeblich etwas mit dem »Farbendreiklang« nicht.

VERSTECKTE BÄUME

Doch ganz egal war und ist Jörg Hildebrandt die Gestalt seines Grundstückes nicht. Sicher hat er der Natur ihren Lauf gelassen. »Doch wir haben auch viele Apfelbäume bei Taufen gepflanzt.« Der Wildwuchs hat die Bäume wieder in Besitz genommen. Ab und zu grinst noch ein rotes knackiges Äpfelchen durch das Gestrüpp. Über dem

Hanggrundstück thront eine zwanzig Meter hohe, gespenstisch aussehende Stieleiche. Im letzten Jahr wurde der Baum vom Blitz getroffen. Einige Äste sind kahl. »Wir hatten schon zu DDR-Zeiten die Genehmigung, den Baum fällen zu lassen.« Doch solange keine morschen Äste die Enkelkinder im Garten gefährden, bleibt der Baum stehen. Denn auch diesen Anblick hat die Natur geformt.

Im unteren Drittel des Grundstückes wollte der Journalist auch mitreden. Die Uferkante zum See sollte über die Jahre frei bleiben. »Meine Frau und ihre Mutter hatten eine Weide direkt ans Ufer gepflanzt. Ich kam dann nicht mehr richtig ans Wasser ran, wenn ich das Boot benutzen wollte. Als meine Frau gestorben war, habe ich sie um Vergebung gebeten und den Baum dort wieder ausgegraben.« Einige Meter zurück und erhöht hat er die Weide wieder in die Erde gesetzt. »Sie hatte nicht ein Blatt, und ich hatte sie schon aufgegeben.« Im nächsten Frühjahr wuchs eine kleine Knospe, und ein Jahr darauf stand sie wieder in voller Pracht.

BRENNNESSELSPINAT

»Als Kriegs- und Nachkriegskind haben wir schmerzvoll junge Brennnesselspitzen sammeln müssen, aber auch genussvoll essen dürfen. Danach sehne ich mich heute noch und gönne sie mir gelegentlich.

Hinweis zuvor: Vor dem Pflücken feine Gartenhandschuhe überstreifen; nach der Ernte die Brennnesseln mit kochendem Wasser übergießen, dann kleinschneiden und eine Viertelstunde in angemessener Wassermenge kochen lassen. Zutaten: Zwiebeln in Butter gedünstet, saure Sahne, Majoran oder Muskat, natürlich Salz, nach Belieben auch sparsam Pfeffer, eventuell kleine Speckgrieben.«

WLADIMIR
KAMINER

Nie wieder Pflanzen!

Wladimir Kaminer zählt zu den erfolgreichsten Autoren Deutschlands. Er kam 1990 aus Moskau nach Berlin, wo er seine Frau Olga kennenlernte. Gemeinsam gründeten sie die legendäre Partyreihe Russendisko. Sein gleichnamiger Buch-Bestseller wurde verfilmt. Kaminers Erfolgsrezept: das Leben studieren. Und so schrieb er auch ein Buch über seine Erfahrungen als Schrebergarten-Besitzer. Für Olga Kaminer, die selber Bücher über den Typ der russischen Frau und die russische Küche veröffentlichte, war der Schrebergarten ein zwiespältiges Erlebnis. Nach fünf Jahren hatte sie die Nase voll und gab den Garten auf. Doch so ganz erstickt war ihre Lust auf Grün nicht. In einem kleinen Dorf im Löwenberger Land hat sich die Familie, die ihren Alltag im Prenzlauer Berg lebt, Haus, Land und dazu den Uferstreifen eines Badesees gekauft. Gartenarbeit ist hier wie die Lektüre eines guten Buches: Spaß, weil es so selten passiert.

»Vor zwei Jahren habe ich den Kaufvertrag für dieses Grundstück am See unterschrieben«, erzählt Olga Kaminer. Die Bedingung für den Kauf hätten jeden Garten-Liebhaber flüchten lassen: Der Käufer darf nichts in seinem Garten pflanzen, was Schatten auf das Nachbargrundstück werfen könnte, vor allem: keine Bäume. Olga Kaminer schreckte dieses »Pflanzverbot« nicht. Im Gegenteil: »Ich habe mit leichter Hand unterschrieben, weil ich nicht vorhabe, hier irgendetwas einzupflanzen. Es gibt keinen Enthusiasmus mehr.«

Tatsächlich wachsen hier keine Bäume, auch nicht in den Gärten der Nachbarn. Auf dem schmalen Hanggrundstück steht oben das Haus, dazwischen ein Teich, weiter unten eine Sitzecke unter einem Carport mit Blick auf den See. Das Grundstück verjüngt sich zum Wasser hin, am Ende ist es fast so schmal wie das Tor, das den Garten zum Ufer hin öffnet. Maschendraht rahmt das Anwesen. Vor dem See stehen aneinandergedrückt fünf Bootshäuser, davor eine 15 Meter hohe Erle. Sie ist weit und breit der einzige Riese. Die Grundstücke verraten schnell, wie sie früher genutzt wurden: als Weidefläche für die Schafe. Gekauft haben die Kaminers ihren Garten direkt beim Nachbarn, von zwei Damen aus Berlin. Diese haben sich auf ihrem Hang einen Weinberg angelegt, mitten im Ruppiner Land. Und so ein Weinberg braucht volle Sonne. Da müssen Pflanzen, die der Sonne im Weg stehen, eben weichen oder dürfen sich gar nicht erst ausbreiten. Die Prignitz ist schließlich nicht die Toskana.

HEISSER SOMMER

Die große Gartenleidenschaft ist Olga Kaminer abhanden gekommen, seit sie vor sieben Jahren einen Schrebergarten im Prenzlauer Berg für sich und ihre Familie pachtete. Es war ihre Idee. Ihr Mann Wladimir folgte ihr, gespannt auf die Dinge, die da kommen würden. Der

Schriftsteller aus Moskau in einer Schrebergarten-Siedlung an der ehemaligen Mauer, das klang nach Abenteuer im Alltag. Olga aber hatte archaische Interessen. Sie hatte die heißen Augusttage in Großmutters Garten im Kopf. Olga Kaminer verbrachte ihre Kindheit mitten in der Taiga, auf der Insel Sachalin. Dort wuchsen Nadelbäume, sonst nichts. Ihre Sommerferien verbrachte sie hingegen bei Adam und Eva, bei der Großmutter im tschetschenischen Grosny. Es war jedes Mal eine Reise durch die große Sowjetunion: 16 Stunden war sie unterwegs, um die Großmutter mit ihren drei Gärten zu erreichen. Zwischen Schwarzem und Kaspischem Meer wuchs alles: Aprikosen, Stachelbeeren, Himbeeren, Pfirsiche, Paprika, Weißwein namens Damenfinger, Rotwein Sorte Cardinal. Das wollte sie unbedingt wieder haben für sich, ihren Mann und vor allem für die beiden Kinder – 2600 Kilometer westlich, in absolut gemäßigten Breiten, in Berlin.

> »MEINE FRAU SUCHT SICH JEDES JAHR NEUE KÜMMEROBJEKTE, UM DIE SIE SICH SORGEN MACHEN KANN. SIE BRAUCHT EINEN BEZUG ZUR ERDE, SIE WILL PFLANZEN.«

EINTRITT IN DEN MIKROKOSMOS

Die Kaminers leben direkt neben einer Schrebergarten-Kolonie im Prenzlauer Berg. Warum das Weite suchen, wenn das Gute so nahe liegt, dachten sie damals. Die Kolonie befand sich historisch exponiert an der Bornholmer Straße. Dort wurde die Berliner Mauer 1989 zuerst geöffnet. Auch die Kleingarten-Siedlung war in der Mitte durch die S-Bahn-Gleise geteilt. »Bornholm eins« gehörte ehemals zu Ostberlin und »Bornholm zwei« lag im Wedding.

Entgegen aller Erwartungen kam Olga Kaminer ziemlich schnell zu ihrer Parzelle. »Wahrscheinlich, weil die vergiftete Erde nur verrückte Gärtner haben wollen«, mutmaßt Wladimir Kaminer heute. »Ich hatte insgeheim gehofft, die werden uns dort sowieso nicht nehmen. Denn von weitem sah diese Kolonie nicht so aus, als suchte sie neue Mitglieder. Man konnte diese Menschen im Grunde genommen nie zu Gesicht bekommen. Man sah nur ihre Hinterteile, weil sie mit dem Kopf in der Erde steckten.« Kontaktfreudigkeit sieht anders aus.

Der Autor hatte keinen besonderen Bezug zur Natur. Er ist ein Großstadtkind. »Meine Großmutter hatte einen Balkon in Moskau. Am Wochenende saß sie dort mit einem kleinen Elektroherd und hat Kartoffeln gebraten. Daneben wuchsen Stiefmütterchen und ›Vergissmeinnicht‹.«

»Wir haben sofort ein paar Angebote bekommen. Wladimir war schon ziemlich bekannt.« Doch die Laubenland-Idylle platzte schnell. Die Parzelle lag mitten in der Siedlung, links und rechts führten Wege vorbei. Familie Kaminer saß mitten auf dem Präsentierteller. Der Standortfaktor war in dieser Kleingarten-Siedlung überlebenswichtig. »Ich war in diesen Garten so verliebt, dass ich nicht nachgedacht habe, als ich ihn pachtete.«

Der Garten war nur 200 Quadratmeter groß. Dafür war das Aufgebot an Bäumen beeindruckend. »Es war ein

Garten voller Obstbäume«, beschreibt Olga Kaminer liebevoll ihren Berliner Schrebergarten. Es gab neun Apfelbäume, einen Birnbaum, drei Kirschbäume. Eine Süßkirsche war auch dabei. Die Obsternte konnte sich jedes Jahr sehen lassen. Eimerweise hat Olga die satte Ernte aus dem Garten getragen. »Es war die reinste Verschwendung. Denn niemand in der Familie wollte das selbst geerntete Obst essen. Ich hätte es verarbeiten können zu Konfitüren und vor allem zu Apfelmus. Aber in meiner Familie isst keiner Apfelmus.«

STREBERGARTEN

In der Parzelle war Platz für eine kleine Holzlaube und für die Obstbäume – doch wenig Raum für anderes. »Wir saßen auf zwei Quadratmetern. Das genügte.« Am Ende fehlte Olga Kaminer auch die Zeit zum Genießen. »Ich habe immer davon geträumt, dass ich mit einem Buch in meinen Garten komme. Ich stelle einen Sessel hin und lese unter den blühenden Bäumen.« Olga Kaminer hat in diesen fünf Jahren nie gesessen. Sie hatte immer etwas zu tun, Beete anlegen, Blumensamen ausbringen, Obst ernten, Laub harken. Doch nicht nur anfallende Gartenarbeit hat sie in Schwung gehalten. Auch die Reaktionen der Koloniebewohner, von denen einige fast das ganze Jahr hier verbrachten, hielten sie auf Trab. Neugierige

Leute schauten in den Obstgarten und feuerten die Gärtnerin beim Arbeiten an. »Alle guckten, was ich da mache, und gaben mir Ratschläge.« Die unermüdliche Gärtnerin stand bald im Mittelpunkt – von Auseinandersetzungen. Gärtnerin in einem Schrebergarten zu sein, war für die naturverbundene Russin bald kein Vergnügen mehr. Das wollte Olga Kaminer nicht wahrhaben. Die scheinbar allgegenwärtige Prüfungskommission gewöhnte ihr die Gartenleidenschaft endgültig ab.

Diese Kommission hat Olga Kaminer Spießruten laufen lassen. Es gab einen Vorstand, der das urdeutsche Regelwerk der Kleingartenkolonie fest im Griff hatte, der in regelmäßigen Abständen alle Grundstücke inspizierte, Fristen festlegte, Arbeitseinsätze forderte und im Fall Olga Kaminer Ratschläge gab. Aus Ratschlägen wurden Vorschriften. »Die Prüfungskommission hatte die Vorstellung, dass jeder Garten dem anderen gleichen soll«, erinnert sich Wladimir Kaminer, der das alles mit den Augen des Schriftstellers sah. »Das war Provinz mitten in der Großstadt, hier gab es den Mikrokosmos des deutschen Spießers: Hecken pflanzen verboten, um den Überblick zu behalten. Ausragende Äste bitte verschneiden. Mähen Sie bitte jetzt den Rasen und übermorgen harken Sie das Unkraut.«

Heute sagt Olga: »Ich fühlte mich wie ihr Versuchskaninchen. Sie haben mich absolut erniedrigt, und es war alles schlecht, was ich machte.« Der Vorstand inspizierte die Kaminer-Parzelle im Herbst und dann wieder im Mai. Da gab es eine Prüfung. »Ich hatte bis dahin alle Ratschläge befolgt und alles so gemacht, wie sie wollten. Doch es war wieder falsch. Sie hatten ihre Meinung einfach geändert. Nach fünf Jahren habe ich meine Liebe verloren. Ich habe gesagt: Ich will nicht mehr.« Statt Anpassung folgte Rückzug. Beim Vorstand drehte sich das Universum um die eigene Parzelle, der Radius der Familie Kaminer war größer: Die Schwiegermutter im Kaukasus, Lesungen quer durch Deutschland, Gesellschaftsdiskurse im Freundeskreis, Kindererziehung im Kapitalismus, Russendisko und neue Bücher. Da blieb keine Zeit für Krach mit den Koloniechefs.

»Sie fanden auch das Schrebergarten-Buch nicht so lustig. Das, was Wladimir beobachtet hat, hat er aufgeschrieben. Und das hat die Prüfungskommission sehr persönlich genommen. Auch das war natürlich spießbürgerlich«, sagt Olga. Dabei hat Wladimir Kaminer nur genau hingesehen: »Der eine Nachbar fiel durch eine gewisse Weltabgewandtheit und durch einen Mangel an Neigungen außerhalb des Gemüsegartens auf. Er hat sein ganzes Leben dem Problem des übergroßen Kürbisses gewidmet. Das hat mich eigentlich nie gestört. Ich fand das eher lustig.«

DER ULTIMATIVE GARTENTIPP: ES GIBT PFLANZEN, DIE MAN GIESSEN MUSS, UND PFLANZEN, DIE MAN IGNORIEREN SOLLTE.

Das Buch beginnt damit, dass die Familie den Garten bekommt. Es ist nach Jahreszeiten eingerichtet. »Mein Plan war, diesen Weg zur Natur zu finden. Mein Selbstversuch startet damit, dass ich in den Garten einziehe. Ich wollte herausfinden, wie wenig ein Mensch zum Leben braucht. Da gibt es ja in der Literatur schon Vorbilder. Aber das hat nicht so funktioniert. Man braucht schon viel, z. B. Mückenspray.« Wladimir Kaminer hat mit diesem Buch die Ehre seiner Frau als Gartenexpertin gerettet. Und es wurde ein großer Erfolg.

DER ZWEITE VERSUCH

Nachdem die Familie die Kleingarten-Parzelle in Berlin aufgegeben hatte, suchte sie nach einem Haus am See. Olga Kaminer wollte einen Garten, der ihr gehört. Wo sie selbst entscheiden kann, ob sie schöne Pflanzen oder Kartoffeln oder gar nichts anbaut. »Hier fühle ich mich wohl und unbeachtet. Ich wollte, dass niemand kommt und mir erzählt, was ich zu machen habe. Ich habe nur Rosen im Frühling gepflanzt, mehr nicht.« Dazwischen stakt Sauerampfer und wilder Klee. Wenn die Schrebergarten-Erfahrung ein wenig verblasst ist, kommt vielleicht

noch mehr dazu. »Dass ich hier keine Bäume pflanzen durfte, war für mich kein Problem. Ich konnte keine Obstbäume mehr sehen.«

Das Neuland liegt 60 Kilometer nördlich von Berlin. Etwas außerhalb des historischen Dorfkerns steht das Haus oberhalb des Sees neben einem Gartenteich, der immerhin drei Meter tief ist und von Gartenzwergen und ein paar Kunst-Kranichen bewacht wird. Außer der Rose gibt es keine einzige Pflanzen-Attraktion auf dem Grundstück. Sohn Sebastian hat allerdings Meerrettich gepflanzt.

Es soll eine große Plantage entstehen. Für Meerrettich hat die russische Küche schließlich mehr als eine Verwendung. Vater Kaminer bleibt der Beobachter. Er sieht sich als Abel, als Hirten. Kains Bruder hat mit der Erde Frieden geschlossen, so, wie sie ist. Das neue Fleckchen Erde ist ein Stück Land, aber kein Garten. »Ich bin sowieso der Meinung, dass man nicht viel machen sollte im und für den Garten. Man muss der Natur ihren Lauf lassen. Und dann belohnt sie uns. Wenn die Menschen anfangen, umzubauen, die Natur zu verändern, Flüsse zu begradigen, Berge zu ebnen, müssen sie sich nicht wundern, wenn sie dafür von der Natur bestraft werden ...« So halten sich die Gartenarbeiten in Grenzen. Das einzige, was regelmäßig anfällt, ist Rasenmähen und Rasensprengen. Mit dem Gießen hilft man der Natur nur nach, das sei kein Eingriff.

GIESSEN

Dieses Gießen! Dreimal im Jahr kommt Besuch aus dem Kaukasus in die Berliner Stadtwohnung. Wladimir Kaminer schwärmt von seiner Schwiegermutter, von ihrer Energie, ihrer Umsichtigkeit: »Sie ist schon am zweiten Tag mit der Gießkanne unterwegs. Für mich ist das eine sehr weibliche Angelegenheit. Die Frauen füttern und gießen. Gießen ist das Wichtigste in der Gartenpflege.

Und so gießen sie sich auch ihre Männchen zurecht, geben ihnen Vitamine.«

Olga Kaminer bleibt ein Stadtmensch mit einer ungewöhnlichen, ein wenig nihilistischen Beziehung zu Pflanzen. »Was ist z. B. an einer Orchidee interessant? Man kauft sie, sie ist wunderschön, hat schöne Blüten. Nach zwei bis drei Monaten stehen nur noch zwei Blätter im Fenster.« Ihr Fazit: Orchideen muss man quälen. Wenn sie sich gut fühlen, blühen sie nicht. »Man muss sie in schreckliche Umstände bringen: nicht gießen, niemals in andere Erde versetzen, keine Nährstoffe geben und bloß nicht beachten. Vielleicht muss man auch mal nach ihr spucken. Ich habe mehrere Orchideen zu Hause. Ich verabscheue sie. Und dann passiert etwas. Sie blühen und blühen.« Vielleicht hätte sie diese Methode auch im Schrebergarten anwenden sollen. Dann hätte sie zumindest mehr Zeit zum Lesen gehabt.

> **»Mich hat meine Frau auch gegossen und mich aus dem Zustand der Verdorrtheit gerettet.«**

Meerrettich-Sosse

(Kaukasische Soße)

100 g Mayonnaise

1 EL geriebener Meerrettich

2 Tomaten, abgezogen und fein gewürfelt

1 Schuss Weißwein

Salz, Pfeffer, Zucker

Mayonnaise, Meerrettich und die Tomaten mit einem Schuss Weißwein verrühren. Mit Salz, schwarzem Pfeffer und einer Prise Zucker würzen. Schmeckt super zum Fondue.

URSULA
KARUSSEIT

DAS NATURSCHAUSPIEL

Als Bistrochefin Charlotte Gauss ist sie in der ARD-Serie »In aller Freundschaft« einem Millionenpublikum bekannt. Doch die Karriere von Ursula Karusseit nahm ihren Anfang vor mehr als 40 Jahren am Deutschen Theater. Große Erfolge feierte sie danach an der Berliner Volksbühne. Neben Berlin waren München, Köln und Heidelberg, Dessau, Dresden und Zürich Stationen ihres beseelten Spiels. Hauptrollen in DDR-Fernsehfilmen machten sie zu einer der populärsten Darstellerinnen ihrer Zeit. Ursula Karusseit ist ein Naturschauspiel. Ihre Mimik reicht vom stillen anbrechenden Morgen bis zum aufziehenden Gewitter. Mit ihrem Mann Johannes, Hundchen Lotti und den zwei Katzen Kalle und Trude lebt sie in der Nähe von Königs Wusterhausen, zwischen Märkischer Schweiz und Spreewald. Als Gärtnerin ist sie gelassen und genießt.

Die Luft riecht nach dem ätherischen Öl langer Kiefern-nadeln, es ist der Sommerduft der Mark Brandenburg. Hinter einem grün gestrichenen Holztor öffnet sich ein weitläufiger Garten, eingefasst von hohen Kiefern. Die

Bäume bilden einen natürlichen Zaun um das Grund-stück, den man schöner nicht hätte anfertigen können, und zeichnen interessante Licht- und Schattenbilder auf das Fleckchen Erde. Im Sommer gewähren die Nadelbäu-

me erfrischende Abkühlung durch den Schatten, den sie spenden. Zu viel Sonne ist nichts für Ursula Karusseit. Die Grand Dame des Theaters, die auf der Bühne so oft mittendrin steht, hat sich hier ein Plätzchen am Rand gesucht. Am Waldrand. »Hier im märkischen Wald treibe ich mich herum, lerne meine Texte.«

Wenn man Ursula Karusseit begegnet, weiß man, dass ihr die Pflege gutnachbarschaftlicher Beziehungen nicht schwerfällt. Geselligkeit wurde ihr in die Wiege gelegt. Die Familie traf sich regelmäßig und ausgiebig. Auch heute sind Freunde und Familie oft zu Gast. Ein Bruder wohnt gleich um die Ecke. Da sitzt man dann auch abends, wenn es kühler wird, draußen – und friert nicht. »Ich verstehe nicht, wie es Leuten draußen kalt wird. Dass man hier sitzt und nach einer Stunde sagt: Bhhrrr, ich muss rein. Frösteln gibt es bei mir nicht. Wenn die Leute zu mir kommen, müssen sie sich eine warme Jacke mitbringen – oder sie kriegen eine von mir.«

BAYERN, KLEINASIEN, BRANDENBURG

Ursula Karusseit pflegt ihr rustikales Naturell. Ihr Wohnhaus ist ein Holzhaus aus breiten Blockbohlen, ein bisschen Bayern in Brandenburg. Dunkelbraun gestrichen, mit großen Balkonen voller Blühpflanzen, die sich weit hinunterlehnen. Um das Haus entstand nach und nach

dieses Refugium. Es wirkt, als sei das Land organisch um das Haus in der Mitte gewachsen. Gewachsen um einen angelegten Teich mit etlichen Koi-Karpfen und einen am Rand sitzenden meditierenden Buddha aus Steinzeug. Die asiatische Anmutung wird durch filigrane Gräser, die am Wasser wachsen, verstärkt.

Seit 17 Jahren wohnt die Schauspielerin mit ihrem Mann Johannes hier. Das Grundstück übernahm sie aber schon 1968 mit Benno Besson und dem einjährigen Söhnchen Pierre. Da war Ursula Karusseit 29 Jahre alt und feierte an der Seite Bessons europaweit Erfolge. Der neue Garten im entlegenen Brandenburg war das Kontrastprogramm. Hier konnte die frischgebackene Familie ihr Wochenend-nest bauen. Gespielt wurde weiter, aber eben mit der Natur in der Natur. Pierre konnte sich hier austoben, Pfeil und Bogen schnitzen, Fußball spielen, Junge sein. Auch Freunde haben manchmal hier Urlaub gemacht. Regelmäßig wurde die wilde Wiese als Theater-spielfreie Oase für erholsame oder feierfröhliche Wochenenden genutzt.

Ursula Karusseit kann sich genau an den Moment erinnern, als sie hier Sesshaftigkeit kennenlernte: »Ich weiß noch, wie es war, als wir kamen, Benno und ich. Da war noch kein Zaun und nix. Wir haben unsere Tücher ausgebreitet, uns hingeschmissen, und ich habe gebrüllt: Jetzt sind wir Großgrundbesitzer!«

DER SÜSSE GARTEN AM BAHNDAMM

Einen eigenen Garten zu beackern und zu genießen, das kannte Ursula Karusseit aus ihrer Kindheit. Zwar war es kein Großgrundbesitz, dafür ein verführerischer Schrebergarten: Anfang der vierziger Jahre lebte die Familie in Elbing, Westpreußen, in einem Mietshaus. Zu diesem Mietshaus gehörte ein Schrebergarten, in dem Stachelbeeren wuchsen. Die Mutter hatte den Kindern verboten, die unreifen Früchte zu essen. Doch kaum war sie weg: Zack, war die kleine Ursula mit ihren Freunden und Geschwistern dran an den Beeren. Die Mutter erwischte die Kinder »und hat uns dann richtig vermöbelt; wie das so ist: Verbotenes macht grade Spaß«.

Der zweite Kindheitsgarten wuchs in Gera, da war Ursula Schulkind. Um zu dem kleinen Paradies zu gelangen, musste man den Bahndamm entlanggehen. Die Eisenbahn fuhr direkt am Garten vorbei. »Ich erinnere mich auch heute daran, wenn ich in Berlin zwischen den S-Bahnschienen die Schrebergärten sehe.« Die Mutter stellte einen Tisch unter den Fliederbusch und servierte den Kindern gezuckerte Erdbeeren. Der Geschmack liegt ihr wieder auf der Zunge, wenn sie die Schrebergärten sieht.

DER LUXUS DES FLIESSENDEN WASSERS

Auf ihrem brandenburgischen Grundstück wuchsen 1968 ein paar Bäume und einige Fliederbüsche. Mittendrin stand eine kleine Sprelacart-Hütte, die von ihren neuen Besitzern »die HO-Verkaufsbude« genannt wurde. An der Bude waren vorne zwei Schaufenster und in der Mitte eine Tür. Ein Zimmer, eine kleine schmale Küche, Propangas, es habe alles gereicht, sagt sie, eine kleine Essecke, Brunnenwasser aus der Pumpe und immerhin: für ein Bücherregal hinterm Vorhang war auch Platz. Doch es sollte auch auf dem Land moderner werden, fand der Nachbar. Man sollte komfortabel Wasser aus einem richtigen Wasserhahn haben. Und so wurde eben eine Leitung gelegt, drinnen gab es nun fließend Wasser – Brunnenwasser.

So entwickelte sich das wilde Fleckchen Land langsam zu einem zivilisierten Grundstück. Erst war der Wasserhahn Luxus, dann kam der »Pool« dazu. »Wir haben wahnsinnige Sachen hier gemacht. Hinterm Bungalow haben wir gegraben wie die Verrückten und eine alte Plane in die Grube gelegt.« Dann wurde eimerweise Brunnenwasser hineingeschüttet – fertig war der Swimmingpool und man lebte ein bisschen Woodstock in Brandenburg: »Wir haben immer alle nackt gebadet. Es war eine lustige Zeit. Doch der ›Pool‹ hat nicht lange durchgehalten.«

DIE STUMMEN MITBEWOHNER

Im Garten gibt es einen Teich, flankiert von einer Hängeweide und einer überdachten Holzterrasse. Dort schwimmen Koi-Karpfen, die gar nicht zum temperamentvollen Wesen von Ursula Karusseit passen: »Die Kois sind mir wurscht, wirklich! Ich schütte ihnen nur das Futter hin.« Die Fische kann sie ertragen, weil sich Terrier Lotti und die beiden Tierheim-Katzen Kalle und Trude wie kleine Kinder den ganzen Tag um Ursula trollen. »Da ist Leben in der Bude!«

Doch warum sind die Edelfische da? An einem Tag in den Neunzigern stand sie an ihrem Küchenfenster: »Und plötzlich sah ich da im Garten so ein hohes Ding. Es sah aus wie ein Gaswerk«, erinnert sie sich. »Ja, um Gottes

> »DER TYP, DER AM WASSER SITZT UND SINNIERT, BIN ICH NICHT.«

willen, was ist denn das?« Ihr Mann war dabei, ihr einen richtigen Swimmingpool zu bauen. »›Das ist ja furchtbar! Grab das Ding wenigstens ein!‹, rief ich.« Gesagt, getan. Trotzdem blieb sie die Einzige, die je in diesem Pool schwamm. Der Pool wurde bald wieder abgebaut und wechselte den Besitzer. Aus der ungenutzten Grube wur-

de schließlich ein Teich. Ein Nachbar hatte Koi-Karpfen zu verschenken, und da waren sie dann da. »Ich kann mich nicht mal mit ihnen unterhalten«, klagt sie. »Und der Typ, der am Wasser sitzt und sinniert, bin ich einfach nicht.« Lieber sitzt sie mal mit Kollegen zum Arbeiten auf der Holzterrasse am Teich. Dass die Fische dann auch

still sind, macht sie schon fast wieder sympathisch. Und wenn die Enkeltochter mal zu Besuch ist, sind die Fische sogar dankbares Spielzeug.

Ursula Karusseit hatte nie einen Plan für die Stationen ihres Lebens. Es hat sich alles ergeben, sogar gefügt. Auch der Garten wuchs erst nach und nach an Ideen. Und an Jahren. Inzwischen ist das Grundstück gut strukturiert, ohne langweilig auszusehen. Heute wachsen hier Rhododendren, Perückenstrauch, Minikastanie, Nadelbäume – Natur und Kultur haben sich vermischt. Nicht alles wird in Form gebracht, manches wächst über den Beetrand hinaus, aber nichts wuchert. Ursula Karusseit mag eher die wilde Blumenwiese als den englischen Rasen, auch wenn dieser viel praktischer ist. Sie hatte keinen Masterplan für ihre 1300 Quadratmeter, im Gegenteil: Einmal saßen ihr Mann und sie auf der Terrasse und überlegten, ob es nicht schön wäre, wenn es hier eine Pergola gäbe, an der etwas hochwächst. Die wurde dann auch gebaut. »Ich war nie eine Gartenarchitektin, die zielgerichtet alles entwirft und die Landschaftsräume schon vor Augen hat. Eher war es immer so, dass etwas dazugekommen ist, von der Freundin, der Schwägerin oder aus der Nachbarschaft.« Oder es wurde radikal ausgelichtet: »Kürzlich haben wir uns von unserem langjährigen Weihnachtsbaum verabschiedet. Drinnen war nie Platz dafür.« So stand der Baum im Freien. Ein Freund

DER ULTIMATIVE GARTENTIPP: WACHSEN LASSEN!

hat ihn abgesägt. Inklusive Beleuchtung. »Meinem Sohn, den die ›Krüppelkiefer‹ am Haus am meisten gestört hat, ist nicht einmal aufgefallen, dass sie weg ist.«

Auch ihre gärtnerischen Ambitionen entwickelten sich nach und nach: »Über mich wurde einmal geschrieben, ich sei eine Hobbygärtnerin. Das bin

ich aber gar nicht, ich habe nicht unbedingt einen grünen Daumen.« Es passiert immer wieder mal, dass ihr Pflanzen eingehen. Für einen Dresdner Orchideenzüchter war das aber kein Hindernis, eine seiner Züchtungen »Ursula Karusseit« zu nennen. Natürlich ehrt und freut sie das. Aber in der Nachbarschaft oder Verwandtschaft seien solche filigranen Züchtungen besser aufgehoben.

Sicher sind auch die äußeren Wachstumsbedingungen nicht die besten. Der märkische Sand lässt keinen großen Spielraum für vielfarbige Blütenpracht oder üppigen Gemüseacker. Obwohl heute der Trend zurück zur Selbst-

versorgung geht, zum eigenen Anbau, zur Obst- und Gemüseernte im Garten und sogar das Gärtnern in der Stadt en vogue ist, sagt die Realistin entschieden: »Nicht mit mir!« Sie hat ein paar Kräutertöpfe mit Pfefferminze, Basilikum, Rosmarin und Thymian auf der Treppe. Das reicht. Dass der Schnittlauch in diesem Jahr den Frost überlebt hat, war für den passionierten Landmenschen Karusseit eine neue Gartenerfahrung.

ANGENEHME WILDHEIT

Einen Walnussbaum gibt es zwar im Garten, aber keine Obstbäume. Ursula Karusseit kümmert sich um ihre Stauden: den Rittersporn, die Rosen, das tränende Herz; um ihre Rankpflanzen, die Clematis, die sich um die dünnen Kiefern schlingen. An der Teichüberdachung reckt sich wilder Wein Richtung Himmel. »Ich bin eher die Buddlerin als der Liegestuhl-Typ. Manchmal habe ich Lust, etwas zu machen, manchmal nicht. In diesem Jahr hatte ich mal wieder Lust. Ich brauche keinen gestylten Garten, schickimicki schon gar nicht. Mir gefällt so eine angeneh-

»ICH ORDNE MICH DER NATUR LIEBER EIN BISSCHEN UNTER.«

me Wildheit.« Die Gärtnerin mag wilde Blumenwiesen, die sie aber lieber bei anderen genießt. Und dann schwärmt sie von einem Garten im Oderbruch, bei dessen Besitzern sie sich während ihrer Auftritte im Theater am Rand in Zollbrücke, ihrer Heimspielstätte, regelmäßig einquartiert. Wie ein Schleier liegt dort die wilde Natur auf Haus und Hof.

Zwar ist sie in ihrem Garten mal mit der Schere nach überlangen Trieben oder dünnen Ästen unterwegs. Doch das Unkraut lässt sie in Ruhe. Im Lauf der mittlerweile über vierzigjährigen Beziehung zu ihrem Garten hat Ursula Karusseit eine andere Sicht auf die Natur bekommen. Natur ist ein Geschenk. »Der Hund holt mich manchmal sehr zeitig nach draußen. Halb sieben ist meine Zeit. Die Vögel fangen früh um vier an zu singen. Die Stimmung ist so herrlich. Alles ist so unberührt. Oft denke ich: Wir wohnen da, wo andere Urlaub machen.« Dann erinnert sie sich an einen klugen Satz aus ihrem Buch: »In den scheinbar kleinen Dingen liegt der Schatz unserer Existenz. Schauen Sie doch nur hinaus ins Freie!«

BLATTSALAT MIT BUTTERMILCH

Kopfsalat, 1 Prise Salz, etwas Zucker,

Buttermilch, ein Löffel saure Sahne,

Zitronensaft, frischer Dill

Der Salat kann richtig schwimmen in

Buttermilch.

AURORA LACASA

DURCH DIE BLUME

Wiederkehrende Kindheitsträume, Fernweh, die Wandervögel und der Mond – das sind die Themen ihrer Lieder. Die Sängerin Aurora Lacasa ist ein Emigrantenkind, und es scheint, dass Melancholie sie das ganze Leben begleitet. Ihre Eltern flohen vor Franco. Sie wurde in Paris geboren, wuchs in Budapest und ab 1956 in Berlin auf. Einem Millionenpublikum wurde die Sängerin durch »Weihnachten in Familie«, dem meistverkauften Tonträger der DDR, bekannt. Mit Schlagersänger Frank Schöbel und den gemeinsamen Töchtern Dominique und Odette sang sie unterm Tannenbaum. Mittlerweile hat die Spanierin ihren eigenen musikalischen Stil zwischen den Welten, zwischen lateinamerikanischer Folkore, Volkslied und Chanson gefunden. Sie singt deutsch oder französisch, und am intensivsten klingt sie, wenn sie auf Spanisch singt. Beim Gärtnern in ihrer brandenburgischen Wahlheimat setzt sie eher auf heimische Pflanzen. Wofür andere ein ganzes Leben brauchen, das schaffte sie in fünf Jahren: Nördlich von Berlin gedeiht ihr prächtiger Blumengarten, in dem sie ihrer mediterranen Lebensweise nachgehen kann.

Manchmal beobachtet Aurora Lacasa die Eichhörnchen, die von der Tanne im eigenen Garten zum Sprung auf das Dach des Nachbarhauses ansetzen. Vom windgeschützten Balkon, dem Lieblingsplatz der Familie, kann man bis zu den Pferden und Schafen am Rande des Nachbargartens sehen. Oder eben die kleinen fuchsroten Akrobaten anfeuern.

Erst in diesem neuen Zuhause ist die Pflanzen-Verehrerin Erde, Wasser und Himmel richtig nah. Aurora Lacasa lebte immer in der Stadt. In Paris wohnte die Familie in einem kleinen Mietshaus im 13. Arrondissement, alles andere als romantisch. Später war sie in Budapest und in der DDR in Berlin-Pankow und in Köpenick zu Hause. Zwar waren ihre Wohnungen voller Pflanzen, und auch auf dem Balkon türmten sich Töpfe und Kübel. Doch erst jetzt entwickeln sich die Gewächse da, wo sie hingehören, wo sie frei wurzeln können – in der Erde, im eigenen Garten. Nun muss die Verfechterin der »Blumen mit Wurzeln« nur einen Schritt vor die Tür treten und ist wieder in ihrer Kindheit: »Der Duft von wilden Veilchen erinnert mich an die ungarischen Zigeunerinnen, die kleine Sträuße verkauften. Oder das Aroma von Paprika ... meine Mama hatte eine Freundin mit einem Garten. Die Erde war so fruchtbar, da wuchsen Weintrauben, riesengroße Pfirsiche und auch saftige Paprika. Meine Mama machte uns Stullen für die Schule, Weißbrot mit ungarischer Salami und einer halben Paprikaschote darauf.« Sobald Aurora Lacasa Paprika aufschneidet, ist die Erinnerung wieder da.

SPANIEN IN BRANDENBURG

Ihre Eltern Pilar und Ernesto Lacasa konnten den Traum vom eigenen Stückchen Land erst spät verwirklichen – in der Uckermark. Hier hat Aurora Lacasa ihre »Kindheit mit Garten« nachgeholt. Da war sie selbst schon Mutter. Und sie wurde nicht nur von der Natur verwöhnt: »Ich bin ein Elternkind. Meine Eltern haben mir immer sehr viel Liebe gegeben. Wenn ich mit meinen Kindern zu Besuch kam, konnte auch ich wieder Kind sein und mich ins Bett bringen und zudecken lassen.«

Die Lacasas kauften in Großfredenwalde bei Templin eine alte Bäckerei. Sie tünchten sie schneeweiß. Es war das einzige weiße Haus im Dorf. »Meine Eltern nannten ihr Haus einfach ›Casa Blanca‹.« Das Haus stand mitten in Brandenburg.

CASA BLANCA

Dominique und Odette verbrachten den Sommer oft bei ihren Großeltern auf dem Land. Dort haben die Mädchen aus Berlin die Natur getestet. Es war ein Garten für die Sinne. Einmal übertrieb es Odette mit der kindlichen Fürsorge um kleine Mitbewohner des Gartens. »Meine Odette hatte Regenwürmer gesammelt. Weil sie so schmutzig waren, hat sie alle gebadet, dann zum Trocknen auf die Leine gehängt und mit einer Wäscheklammer festgemacht.« Der Großvater rettete die armen Würmer, die sich schon ringelten.

Wenn die Kinder danach gefragt wurden, wo sie ihre Ferien verbracht hatten, antworteten sie brav: »Wir waren in Casa Blanca.« Und ernteten die verblüfften Blicke der Kindergärtnerin.

Am Anfang war da nichts um »Casa Blanca«. Die Sängerin schwärmt davon, wie ihre Eltern aus dem öden Land ein Paradies à la Mitschurin für alle machten. »Die Nachbarn haben gestaunt. Die Tomaten, was hatte meine Mama für wohlschmeckende Tomaten! Oder die Johannisbeeren, die waren groß wie Kirschen.« Dafür hat die Spanierin jeden Tag gegraben. Die märkische Erde »belüften« nannte sie das. An der Scheune kletterten die Rosen. Überall rankte Clematis. »Meine Mama hatte goldene Hände.« Und sie hatte ihre Geheimnisse mit den Pflanzen, wenn sie mit ihnen sprach: Oh, du siehst so schön aus heute, oder: Wie geht es dir jetzt, hast du vielleicht Durst? Dass Blumen wahrgenommen werden wollen und selbst ihre Umwelt wahrnehmen, also leben, diese Überzeugung hat ihr die Mutter mitgegeben.

»Als ich unser neues Grundstück zum ersten Mal sah, hatte ich gleich alles vor Augen.« Da war das Land ein schmales, rechteckiges Handtuch, ein einfaches Stück wilde Wiese, auf der Südseite begrenzt durch hohe Laubbäume, inmitten einer Wohnsiedlung in Stolzenhagen. »Mich hat die Lage überzeugt. Unser späterer Nachbar hat uns nach oben in sein Haus gelassen, da konnte ich die Weite sehen.«

Wenn die Eichen, Holunder, Kiefern, Birken und Linden am südlichen Grundstücksende von den Novemberstürmen kahl geweht werden, vergrößert sich der Garten zu einer Landschaft, zu einem neuen Horizont: Der Blick auf ein Wäldchen und ein großes Stoppelfeld wird frei.

Ein glattes Handtuch-Grundstück ist eine Herausforderung für jeden gestaltenden Gärtner. Die vielseitige

»DIESES UNENDLICHE HAT MICH FASZINIERT. DER GARTEN IST NACH ALLEN SEITEN OFFEN. SO BIN ICH JA AUCH.«

Künstlerin hat konsequent die Form veredelt, indem sie sie betont. Rasen wurde ausgerollt, die Ecken wurden »ausgearbeitet«. Fast schon klassizistisch mutet die strenge Symmetrie an. In den beiden Winkeln am südlichen Ende wachsen Tannen, Koniferen, Rhododendren und mehrfarbiger Ginster. Unterschiedlichste Grüntöne – blaugrün, silbergrün, gelbgrün, dunkelgrün – sind hier vereint. »Wenn man so spät wie ich anfängt, einen Garten

anzulegen, muss man bedenken, wie langsam oder schnell die Pflanzen wachsen und dass sie nicht zu viel Arbeit machen. Sie dürfen nicht zu viel Aufmerksamkeit kosten.« Das ist überraschend pragmatisch für einen sonst so emotionalen Menschen wie Aurora Lacasa.

EINE BRANDENBURGISCHE PIAZZA

Anstelle von Maschendraht haben sich die Zaungegner für Storchenschnabel als Begrenzung entschieden. Wellenliniengleich und weich schlängelt sich die rosa blühende Staude am Ende des Gartens. »Ich bin kein Mensch von geraden Linien. Bei mir muss alles Schwung haben.« 180 Pflanzen hat sie eigenhändig gesetzt, ohne Pause und ohne Handschuhe. »Ich schmeiße die Handschuhe meist schnell weg. Die stören nur. Ich will es spüren. Deshalb habe ich auch Gartenhände im Sommer.« Die schwungvolle Welle und edle Kugellampen beleben die strenge Struktur.

Der Grundstücksrand ist zwar zu sehen, aber nicht als Zaun, schon gar nicht als Sichtgrenze. »Wenn sich im Herbst das Laub in meinem Garten in alle möglichen Farben verwandelt, stellt meine Nachbarin ihre Liege so auf, dass sie das Naturschauspiel nicht verpasst.«

»Unsere Grundstücke wirken dadurch umso größer. Wir wollen keine Grenzen.« Der Nachbar auf der anderen Seite schneidet seine aufgeforstete Hecke kurz, seit es die sympathischen Neugärtner neben ihm gibt. »Wenn beim Nachbarn die Enkel zu Besuch sind und auf der Wiese spielen, dann ist das ein wunderschöner Anblick.« Es soll zugehen wie auf einer Piazza. Dort wird das Offene gelebt. Draußen ist drinnen. Bei allen Generationen. »Wir sind uns bewusst, dass wir miteinander alt werden und auf uns achten wollen.«

> »WENN MAN DIE HECKEN NICHT SETZT, IST DAS EIN ANGEBOT.«

DEN GARTEN SPÜREN

Im vorigen Jahr hat Aurora Lacasa begonnen, kleine Inseln am Rollrasen-Rand zu bepflanzen. Auf ihnen wachsen juniblauer Rittersporn, lila Löwenmaul, die filigrane Akelei in Pastelltönen, weißes Schleierkraut. Ein Garten ist für die Gestalterin ein unvollendeter, sich wandelnder Ort. Nicht nur, weil es die vier Jahreszeiten gibt. »Willst du schon wieder umpflanzen?«, hört sie ihren Lebensgefährten öfter fragen, wenn sie auf der Suche nach dem noch besseren Standort ist.

»Wenn ich Zeit habe, bin ich am liebsten in meinem Garten. Stundenlang. Meiner Seele tut das sehr gut. Ich unterhalte mich permanent mit irgendjemandem im

Geiste.« Gartenarbeit hat etwas Meditatives. Selbst wenn die Wolken die Sonne freigeben, hält es sie keine zehn Minuten auf der Gartenliege. »Mich entspannt es, in meinem Garten herumzuwirbeln, etwas abzuzupfen oder zu schneiden. Am schönsten finde ich aber das Gießen. Ich genieße es, wenn ich den Pflanzen etwas zu trinken geben kann.« Geben, das entspricht ihrem Naturell.

Aurora Lacasa ist auch eine spirituelle Gärtnerin. Es genügt nicht, die Pflanze zu kaufen, einen Standort zu suchen, sie zu gießen. »Ich rede auch mal mit ihnen, ich nehme sie wahr.« Manchmal streichelt sie auch die Blätter. Sie beobachtet das Leben und die, die sich darin bewegen, genau. In ihren Liedern wie in ihrem Garten.

Der ultimative Gartentipp: Die Schönheit des eigenen Gartens mit anderen teilen

MÄRCHENROMANTIK

Einen Exoten gibt es doch: Vor einer weißen Wand, in der prallen Sonne – fast wie im Süden, nur nicht ganz so trocken – steht eine Aprikose. Sie erinnert an die Kindheit in Ungarn. Und eine zweite Aprikose ist gepflanzt. »Vielleicht muss ich ihr noch mal ein anderes Plätzchen suchen. Sie steht so im Angriff des Windes.« Wenn Pflanzen nicht wachsen, dann fehlt ihnen etwas: Sonne oder Schatten oder Windschatten. Die zweite Aprikose hat kein Spalier. Sie soll wachsen, wohin sie möchte. Sie soll sich entfalten.

Die Aprikosenbäume sind die wenigen Bäume, die die Sängerin im Garten gepflanzt hat. Bäume nehmen den Blick, findet sie. Und wenn andere Menschen Lebensbäume für ihre Kinder pflanzen, zeigt Aurora Lacasa stolz auf ihre Märchenvariante: Viele Rosen, davon »Schneeweißchen«, eine weiße Rose für die Tochter Dominique, und »Rosenrot«, eine rote, für Odette. Die Romantikerin ist erstaunt: »Ich hätte nie für möglich gehalten, dass ich so eine große Liebe zu Rosen entwickeln werde.« Vor der Terrasse wachsen nur Rosen, die mehrfach blühen, vor allem englische Rosen, umrahmt von Lavendel. Natürlich duftet alles betörend. Und noch mehr Romantik: Nächstes Jahr kommt noch eine Holzschaukel dazu, an der Ramblerrosen emporranken.

WELLNESS-KRÄUTERKÜCHE

Die Pflanzenversteherin schwört auf die heilenden Essenzen der Natur. »Allein die Echinacea ist so ein kraftvoller Busch, eine Heilpflanze, und so eine schöne noch dazu.« Sie riecht daran. Den Geruch von Buchsbaum dagegen mag sie gar nicht. Auch der Duft von Weihrauch ist gewöhnungsbedürftig. Den hat Aurora auf ihrem Balkon platziert. Die ätherischen Öle halten Mücken fern, weiß die Frau mit Sinn für Sinnlichkeit. Da wird Brennnessel-Tee getrunken und Sud über die Haare gegossen, zur Wurzelstärkung. Bei Maria Treben hat sie so einiges darüber gelesen und weiß, welche Pflanze für welches Zipperlein gut ist.

Die Kräuter im Hochbeet sehen aus wie Kräuter aus dem Wellness-Kochbuch: frisch, knackig und absolut sauber. Kein braunes Blättchen, kein zerlöchertes. Oregano, drei Sorten Basilikum, Mandarinenminze, Pfefferminze, feine und grobe Petersilie, Rosmarin. »Wir haben auf einem Hang in den Bergen in Südfrankreich echten wilden Thymian gefunden. Was ist das für ein Unterschied zu den gezüchteten Sorten! Ich habe gesammelt und Sträußchen gemacht.« Die bekennenden Bio- und Ökofreaks, die in ihr Haus sowohl eine Wärmepumpe als auch eine Pflanzenkläranlage eingebaut haben, pflanzen auch Kartoffeln und Salat. »Wenn ich später mehr Zeit habe, könnte ich mir vorstellen, noch mehr anzubauen.«

SÜCHTIG NACH FRÜHLING

»Adieu«, verabschiedet sich Aurora Lacasa in einem ihrer Lieder von ihren Eltern. Sie haben Auroras Sinne geschult, ihr das genaue Hinsehen beigebracht. Sie haben ihr den satten, fruchtigen Sommer oder den zugefrorenen Winter gezeigt, das Licht der blauen Stunde oder des anbrechenden Morgens. »Einmal, als ich nicht schlafen konnte, bin ich morgens um vier Uhr in den Garten gegangen und habe gejätet.« Die Vögel haben sie in den beginnenden

Kräutermus in kaltgepresstem Olivenöl

Sämtliche Kräuter: Petersilie, Basilikum, Oregano, Rosmarin klein häckseln im Mixer, Knoblauch dazu und alles ordentlich mit Olivenöl bedecken. Das ist eine Art Pesto und ist als Beigabe zu vielen Salaten und Gerichten sehr schmackhaft. (Haltbarkeit: Es muss immer mit Öl bedeckt sein.)

Tag begleitet. »Wir haben uns gut unterhalten, und ich habe gemerkt, dass die Vögel in Frankreich, Spanien oder hier in Deutschland die gleichen Melodien singen.«

In Katalonien, wo sie ihre Eltern bis zu deren Tod pflegte, sind die Jahreszeitenwechsel der Natur nicht so stark ausgeprägt. Sicher, es wird auch dort kälter. Trotzdem blüht alles weiter: der Hibiskus, die Bougainvillea. »Ich liebe aber den Wechsel. Der Winter ist schön, wenn alles für eine Weile so weiß und so still wird. Dann freue ich mich umso mehr auf das Frühjahr und bin ungeduldig. Ich kann es kaum abwarten, wieder hinauszukommen.« Und so wird sie, wenn ihr der Winter zu lange grau ist, verreisen. »Dann geht's manchmal nach Spanien.«

DOROTHEA MELIS

EIN HÜHNEREI FÜR EIN FOTO

Dorothea Melis hat als Modegestalterin für viele selbstbewusste Frauen der DDR den Zeitgeist mitbestimmt. Gemeinsam mit ihrem Mann, dem renommierten Fotografen Roger Melis, leitete sie für einige Jahre die Modeabteilung der Zeitschrift »Sibylle«. Danach kümmerte sie sich um die Verbreitung der Luxus-Marke EXQUISIT. Seit der Wende veröffentlichte sie mehrere Bücher über Mode und Berliner Mentalitäten, kuratierte Fotoausstellungen und hielt Vorträge. Neben ihrer Berliner Wohnung im Stadtzentrum nutzte die Familie seit Anfang der siebziger Jahre ein Neubauernhaus, das sie in der Uckermark entdeckt hatten. 40 Jahre lang ist das Anwesen zu einem Refugium gewachsen, zu den Menschen im Dorf entstand eine herzliche Freundschaft. Nun, nach dem Tod von Roger Melis, hat auch seine Frau das Dorf für immer verlassen.

Wenn sich Hecken gegenseitig umschlingen, wenn Kletterpflanzen Mauern unsichtbar machen, wenn Baumkronen herrliche Nachtschatten auf die Wiese werfen und Blumen sich an keine Abgrenzungen mehr halten, ist der Garten am prächtigsten. Das kann in einem großen Garten schon Jahrzehnte dauern. Wenn es am schönsten ist, soll man aufhören. Das ist sicher kein Trost für Dorothea Melis, es bleibt ein Abschied. Für sie allein ist das Grundstück kein Paradies mehr, und die Erinnerungen an die Zweisamkeit sind schmerzlich. Jetzt ist der Garten für die Siebzigjährige nur noch Arbeit: 4 000 Quadratmeter wilde Wiese mähen, den Blumengarten bestellen, die Rabatte pflegen und, wenn es trocken ist, möglichst täglich gießen. Komposthaufen umsetzen, Umgraben, das Laub von dutzenden Bäumen harken. Abgesehen davon, dass man dafür immer da sein muss, ist es auch körperlich eine anstrengende Arbeit. Dorothea Melis schaffte es nicht mehr. Das Anwesen ist verkauft.

Der Wind holt Luft und weht die erdigen Hügel der Moränenlandschaft flacher. Die Weiden des Gartens stellen sich noch einmal schützend gegen das Feld, aus dem die frische Brise Schwung holt. Sie kämmt das Getreide, mal nach links und mal nach rechts. Auch Baumstämme liegen am Rand des riesigen Grundstückes gestapelt, als könnten sie die Böen abhalten. Der Wind war und ist ständiger Gast auf diesem abgelegenen Flecken Erde im nördlichen Brandenburg. Manchmal hat er auch die Glut

im Kamin wieder angeblasen. Einmal saßen sie, Roger und Dorothea Melis, mit Freunden aus Berlin abends beisammen. Das Feuer flackerte. Da kam ein Nachbar, der Schein des Feuers hatte eine Sehnsucht bei ihm ausgelöst. Er hat dann von früher erzählt, vom Krieg und seinem alltäglichen Leben. Es war so leicht, sich kennenzulernen. Oben stand im Fenster der Plattenspieler. »Wir hörten Leonard Cohen, und der alte Nachbar summte leise mit.«

ALLER HESSENHAGEN-ANFANG

Auf der Suche nach einem Wochenenddomizil fuhren sie immer nach Norden. Die Uckermark sollte es sein mit ihren sanften Hügeln, den einsamen glasklaren Seen, Kranichen, Störchen, Ringelnattern und Nachtigallen. »Das Schönste an der Uckermark sind die tiefen Laubwälder und die alten Alleen, deren Bäume sich wie das Gewölbe einer Kathedrale über uns beugen.«

Zunächst ließen sie sich von Namen inspirieren: Christianau oder Luisenau. Nach der Kollektivierung hatten viele Bauern aufgegeben oder das Land verlassen. Ihre leerstehenden Häuser verfielen. Dorothea Melis hatte einen Blick für verlassene Häuser. Ein besonderes fanden sie im verschlafenen Hessenhagen: Schuppenkleider aus Biberschwanz-Ziegeln auf den Dächern, Wege, die nur barfuß benutzt werden wollten, Schmetterlinge, die sich einem auf die Nase setzten ... die perfekte Kulisse für einen Kinderfilm. Hessenhagen ist ein Ausbau des jahrhundertealten Dorfes Stegelitz, mit der Kirche und den Gräbern der Arnims, deren Nachkommen heute wieder in der Uckermark leben. 1947 kamen zur Schnitterkaserne für die Saisonarbeiter, den Stallungen, einer großen Scheune, Dorfteich, Kopfsteinpflaster und dem Haus des Gutsverwalters einfache Neubauernhäuser für die vielen Umsiedler dazu. Heute hat Hessenhagen noch 11 Häuser und 20 Bewohner.

Am 1. Mai 1973 entdeckten Roger und Dorothea Melis das marode Haus. »Wir waren durch den Wald gefahren, und als wir das eingezäunte Dorf entdeckten, ließen wir das Auto stehen und gingen durch das offene Tor. Es herrschte Totenstille im Ort. Kein Mensch war zu sehen. Schließlich trafen wir eine alte Frau, die gleich meinte: ›Na klar, das Haus könnt ihr haben.‹« Aber so einfach war das nicht, denn der Wald war Erich Mielkes Jagdrevier. Ehe das Haus zum Kauf stand, wurden die neuen Bewohner auf Herz und Nieren auf ihre Staatstreue überprüft.

HUNDEKÄLTE UND HALBNACKTER SOMMER

Das Haus hatte zwei Zimmer, Küche, Stall und einen dielenlosen Dachboden. Aus dem Holz hatten die Dorfbewohner Karnickelställe gebaut. Es gab kein fließendes Wasser, und als Toilette diente ein wackeliges Häuschen im Garten. »Wir fanden unsere Entdeckung wunderbar, auch den verwilderten Garten. Nachdem wir mehrmals bei eisiger Kälte in unserer neuen Behausung übernachtet hatten, klaute ich durch den kaputten Zaun ein Paar Scheite Holz, um den einzigen Ofen zu heizen. Tags darauf stand ein großer Korb mit frisch gehacktem Holz vor unserer Haustür. Kommentarlos, von Anni, der Nachbarin.«

Das »neue Haus« wurde um- und ausgebaut, das Dach neu gedeckt. Die alten Männer aus dem Dorf kommentierten jede Aktion, gaben Ratschläge, und die jungen halfen, wenn es nötig war. »Wir haben hier im Sommer halbnackt gearbeitet und waren dunkelbraun gebrannt.« Der windschiefe Hühnerstall wurde abgerissen, und mit

den schönen alten Lehmziegeln des verfallenen Pferde-
stalls wurde der neue Küchenfußboden ausgelegt. Roger
Melis pflasterte den Hof, das Fundament des Treibhauses
und Terrassen im Garten mit den Steinen der Endmorä-
ne. Auch der Kamin war eine eigene Schöpfung aus
uckermärkischen Findlingen. »Das Siedlertum fanden
wir wunderbar. Wir entdeckten eine für uns bis dahin
verschlossene Welt.« Und diese neue Welt konnte nichts
aufwiegen. 1982 kam der Fotograf Roger Melis von einer
Dienstreise aus Paris zurück. Er war noch ganz benommen
von der faszinierenden Stadt, aber nun wollte er Heimat
erleben. »Das war Hessenhagen im Mai, und der Himmel
war so blau und die Bäume so grün. Wir saßen auf der
Haustreppe, tranken Sekt, und er war angekommen.«

DAS MOHRRÜBEN-BIOTOP

Eine professionelle Müllentsorgung gab es nicht, das
Grundstück hatte als Müllkippe gedient. Bevor Dorothea
Melis einen Garten anlegen konnte, musste sie mit ihrem
Mann alte Glasflaschen, Bauschutt und körbeweise Scher-
ben ausgraben. Dann konnte es losgehen. Am Anfang war
der Garten nur ein paar Quadratmeter groß. Dorothea
Melis streute und säte ahnungslos. Nach ein paar Tagen
hatte sie vergessen, was sich da unter der Erde entwickelte.
Einige Wochen später war ein Biotop entstanden. Da wuchsen zwischen der Petersilie die Ringelblumen und zwischen
Mohrrüben die Zwiebeln, überschattet von den großen
Blüten der Kokardenblume. Die Dorfbewohner registrier-
ten es mit Kopfschütteln. Die Nachbarinnen zeigten dann,
wie man Mohrrüben sät, Erdbeeren pflanzt und Kartoffeln
legt. »Von Anni habe ich erst gelernt, wie man urbar
macht.« Im Dorf hatten alle einen Nutzgarten mit Kartoffeln und Gemüse. Für Blumen hatte keiner Zeit
und Muße. Erst als sich nach Jahren üppige Rabat-
ten, prächtige Blumenbee-te, Gladiolen, Sonnenblumen und Astern bei der Wochenend-Bäuerin aus-
breiteten, wurde der Gar-ten respektiert und be-
wundert. Bald rankten

**»ICH HATTE
KEINE AHNUNG,
WIE MAN EINEN
GARTEN ANLEGT,
DAFÜR ABER GUTE
AUSGERUHTE
ERDE.«**

Rosen auch an den Giebeln der Nachbargärten. Später
tauschten die Frauen Blumensamen und Setzlinge, begleitet von der Bauernweisheit: »Bedanke dich nicht für
eine geschenkte Pflanze, sonst wächst sie nicht an!«

    Auch den Tieren gefiel der neue Garten. Die Rehe
kamen bis an das Haus, köpften die Blumen, fraßen die
Erdbeeren; und die Wildschweinbache übte mit ihren

Frischlingen in Melis Garten Kartoffeln ausgraben. Da half nur eine Abgrenzung. So erhielt der Blumengarten von Dorothea Melis einen schönen Staketenzaun. Es entstand ein Garten im Garten. Und diese Gartenlandschaft wuchs hinterm Haus in die wilde Landschaft hinein. Der Blick war frei auf die Felder der hügligen Umgebung. Nur ein riesiger Berg von Findlingen markierte die Grundstücksgrenze an einer Stelle.

DER SCHÖNE-NAMEN-ORT

Roger und Dorothea Melis fanden damals nicht den Ort mit dem klangvollen Namen. Dafür erfanden sie immer wieder eigene, zum Beispiel die »Liebeslaube« – eine von wildem Wein umrankte Terrasse. Der Kater hieß »Herzlieb«, es gab die (Sibylle) Bergemann-Korkenzieherweide, die aus einem Geburtstagsstrauß gezogen war. Vielleicht hat der Großvater sie inspiriert, der eine seiner alten wunderbar duftenden Rosen »die halbedle Rose« nannte. Heute, nach über hundert Jahren, steht sie immer noch im Garten seines Enkels.

Die Großmutter hatte bei der siebenjährigen Dorothea die Liebe zu den Blumen geweckt. »Ich erinnere mich an die schönen langen Spaziergänge zum Garten der Großeltern am Rande der Stadt. Überall wuchsen Blumen, solche, die jedes Jahr wiederkamen, und solche, die sich selbst aussäten: Akeleien, Schwertlilien, Margeritten, Jasmin, Japanische Quitte und tränende Herzen.« Besonders fasziniert war das Mädchen von einem riesigen Stiefmütterchenbeet. Die dunkelblauen, dunkelroten oder ockerfarbenen Blüten mit ihren kleinen Gesichtern, aber auch Primeln, Klatschmohn und Hortensie pflanzte sie später in ihren eigenen Garten. Um den Sommer zu bewahren, wurden Blütenblätter gepresst und dann im Winter zu üppigen Stillleben in alten Rahmen arrangiert. Es war eine Erinnerung an die Großmutter und die schönen Sommer der vergangenen Jahre.

Einer der wichtigsten Orte in Dorothea Melis' Garten war der Blumenbindertisch. Hier wurde geschnitten, geflochten, gebunden und arrangiert. Als die Enkeltochter noch klein war, hat sie es der Großmutter nachgemacht und sie mit zusammengebundenen Gänseblümchen, Löwenzahn, Spitzwegerich und Tausendschönchen beschenkt.

MANNEQUINS IM DORF

Hessenhagen hatte aber noch mehr zu bieten als die Kulisse für eine Kindergeschichte. Der Wald, die Landstraße, der Nussbaum, die alte Mühle und der einsame

DER ULTIMATIVE GARTENTIPP: BEDANKE DICH NICHT FÜR EIN PFLANZENGESCHENK, SONST WÄCHST ES NICHT.

See waren auch Orte für die professionelle Arbeit von Roger und Dorothea Melis. Für eine Modeserie mit leichten Kleidern oder ländlich legeren Kombinationen gab es unzählige Fotomotive. Da führt ein Mädchen ein Pony über einen Hügel, junge Männer und Frauen laufen mit Trenchcoats durch den Wald, ein Pärchen sitzt auf einer Bank unter dem Nussbaum. So sind Serien und Bildgeschichten über Ferien und das Leben auf dem Lande für *Das Magazin* und *Sibylle* entstanden. Die Dorfbewohner betrachteten das städtische Treiben mit Distanz und Skepsis. Einige hatten noch nie ihre Gegend verlassen und kannten die Großstadt nicht. Doch Roger Melis genoss das Vertrauen der Einheimischen.

Roger Melis hat sie alle fotografiert, ihr Leben voller Verzicht und Knappheit, ihren Alltag, die Arbeit und ihre Feste. Er fotografierte den Brigadier und Landarbeiter bei der Ernte, Feuerwehrübungen, Hausschlachtungen, Hochzeiten und Silvesterfeiern. Bezahlt wurden die Fotos mit Eiern oder Schinken, Obst oder Nüssen. »Wir waren dadurch immer gut versorgt.« Später wurde sogar eine Ausstellung mit den Fotos zu einer Jubiläumsfeier in der »Alten Schule« organisiert. Es war der Höhepunkt des Dorffestes 2010, die Schwarz-Weiß-Fotos nachts an der weißen Zeltwand zu erleben. Viele ehemalige Einwohner schwiegen andächtig, andere machten heitere, erhellende Kommentare. Die meisten der damaligen Hessenhagener leben nicht mehr, und ihre Kinder sind inzwischen selber Großeltern. Zwanzig Jahre nach der Wende entstand ein poetisches, berührendes Buch über die Menschen an diesem Ort: »Am Rande der Zeit.«

DIE INVENTUR DER BÄUME

Dorothea Melis verabschiedet sich auf ihre Weise von diesem Ort am Rande der Zeit, der ihre Heimat geworden war. »Nach vierzig Jahren beschloss ich, mit meiner Enkeltochter eine Inventur zu machen. Wir gingen über das

4000 Quadratmeter große Grundstück und zählten alle Bäume. Besonders mein Mann hatte zu den majestätischen Gewächsen eine fast ehrfurchtsvolle Beziehung.« Als das Paar das Haus und den Garten Anfang der siebziger Jahre in Besitz nahm, pflanzten sie Birken, die sie am Waldrand ausgegraben hatten. Groß sollten sie sein. Doch im Frühjahr waren sie verdorrt. »Wenn eine Birke bereits eine weiße Borke ansetzt, pflanzt man sie nicht mehr um. Das mussten wir schmerzlich erfahren.«

Einträchtig wachsen hier die Einheimischen neben den Exoten: Silberpappel, Robinien, Linden, Ahorn, Buchen, Douglasien neben Judasbaum mit riesigen Dornen, Engelstrompete, Lorbeer, Ginkgo, Wacholder. »Ich weiß noch von jedem Baum, wo er herkommt. Es waren genau 95 Bäume, und fast alle haben wir aus einem Samenkorn gezogen oder den Steckling selbst gepflanzt.«

Manchmal brachte der weitgereiste Fotograf Roger Melis ein fremdländisches Samenkorn aus dem Kaukasus oder vom Mittelmeer mit. Nicht nur in Arles hatte er Oleanderspitzen in allen möglichen Farben abgeschnitten. Weil man Samen nicht einführen durfte, verbarg er die Pflanzenteile vor den Zöllnern in seiner Unterwäsche. Auf diese Weise hat der erfolgreiche Schmuggler einen wunderbaren Park angelegt. Jeder Baum hat seinen Platz bekommen, mancher nahe am Haus und andere dem Wind ausgesetzt. Nun sind sie zu einem Teil der Uckermark geworden.

QUITTENGELEE

Apfelquitten waschen und Blüte herausschneiden, Gehäuse entfernen. Mit einer Raspel klein raspeln oder in Stücke schneiden. Dann die Fruchtmasse in einen Entsafter geben und etwas Zucker darüber streuen. Saft abwiegen und mit Gelierzucker 1:2 kochen. Mit geraspeltem Ingwer verfeinern. In Gläser heiß abfüllen und gleich stürzen.

MICHAEL
SCHWEIGHÖFER

Das Sonnenblumenhaus

Das Deutsche Theater in Berlin ist seine zweite Heimat. Fast die Hälfte seines Lebens spielt er dort Theater. Der in Suhl aufgewachsene Michael Schweighöfer, Autoverkäufer, verließ für die Schauspielschule den Thüringer Wald und landete in Rostock, am Meer. In Frankfurt an der Oder traf er auf die Balletttänzerin Ines und zog mit ihr nach Berlin. Dort wohnten die beiden in der Schumannstraße. Dass es ohne die Berge, ohne das Meer und ohne Berlin geht, weiß der Vater von Filmstar Matthias Schweighöfer seit vier Jahren: Erst hatten sie nur an ein Ferienhaus gedacht, doch dann sind die beiden antikverliebten Menschen mit Sack und Pack und alten Möbeln an den »Langen Trödel« nach Zerpenschleuse gezogen. Spätestens, wenn die Schwäne über den Kanal schwingen und geräuschvoll auf der Oberfläche landen, wissen die beiden, dass sie die richtige Entscheidung getroffen haben, auch wenn Haus und Garten erst ausgegraben werden mussten.

Schnurgerade verläuft die kilometerlange Kanalstraße neben dem Langen Trödel. Der Lange Trödel ist ein Nebenarm des Finowkanals. Florierende Gasthöfe, ehemalige Schifferhäuser und die schöne Dorfkirche reihen sich hintereinander und werden an Sehenswertem noch überboten: Lieblich und heiter wirkt das letzte Anwesen vor dem Wald. Der gefleckte Himmel drückt den Horizont zu Boden. Er hat viel Platz hier, für alles, was fliegt. »Fast jeden Abend flattert die ›Lachente‹ über den Kanal«, erzählt Ines Schweighöfer, bevor sie gekonnt die Ente imitiert. Kaschmir und Fritzi, die beiden Hauskatzen, haben begriffen, dass das Leben für sie nicht schöner sein kann: Mäuse vom Feld, Fische aus dem Kanal, Streicheleinheiten der Hausherrin, Sonnenplätze im Garten, um sich zu räkeln.

Hier gibt es Gelegenheiten, das Sehen zu lernen. Schwalben fliegen Muster vor den Horizont, Schmetterlinge spielen miteinander Fangen, und nachts fallen die Sternschnuppen auf die Wiese. Auch das Wohnhaus und der kleine Laden sind inzwischen etwas fürs Auge. Vier Jahre waren starke Nerven und kräftige Unterarme gefragt. Nun ist hier der stilsichere Geschmack zu Hause: Vor der Tür des kleinen Lädchens »Emma Emmelie«, in dem Ines Schweighöfer antike Textilien und Interieur der Jahrhundertwende verkauft, halten Tisch und Stühle die Wanderer fest. Hinter dem Haus wirft ein riesiger Walnussbaum

Schatten auf die Terrasse. Wer dort steht, hält die Luft an und will sie am liebsten nicht mehr hergeben. Es ist eine Mischung aus zu viel Sauerstoff und einem Moment Glück.

Als man die Frachtkähne vor über hundert Jahren noch durch den Kanal treidelte, war sicher mehr Verkehr auf dem Wasser. Mittlerweile ist der Finowkanal so etwas wie eine kleine Version des Canal du Midi. Vor allem Boots- und Fahrradtouristen kennen ihn.

EIN HAUS VON GESTERN

Das Wohnhaus mit den dunkelbraunen Fensterläden ist von roten und weißen Hortensien umrahmt. Dem Idyll-Mix aus Architektur und Natur sieht man sein verkümmertes Katen-Dasein von einst längst nicht mehr an. Michael und Ines Schweighöfer haben hier ihr Lebenswerk begonnen. Oft sind es die Zugezogenen, die das Schöne auf dem Land sehen. Die dem »Hässlichen Entlein«-Haus durchaus Charakter zutrauen, auch wenn der unter einem faden Putz versteckt ist. »Ein Haus muss immer die Art behalten, die es vorher schon hatte«, so Michael Schweighöfer. Doch jeder Bauherr bringt auch Eigenes ein, und wenn es eine Sehnsucht ist: Die gotisch anmutende große Fensteröffnung an der Giebelwand erinnert eher an die Architektur der Provence – Frankreich kann überall sein. Und überall kann man wie Gott in Frankreich leben. Man muss nur selbst gestalten können. Auch den dazu passenden Duft werden sich die beiden Luberon-Liebhaber noch hierher holen. Auf dem großen rechteckigen Grundstück soll ein Lavendelfeld entstehen. Sechs Reihen breit und 25 Meter lang geballter Duft.

»Wenn, dann hier«, hatte Michael Schweighöfer in einem Gasthaus am Kanal damals zu seiner Frau gesagt. Beide waren sich sofort einig. Hier konnten sich die zwei Stadtmenschen vorstellen, etwas aufzubauen, den Ärger mit dem Berliner Vermieter hinter sich zu lassen, älter

zu werden. Jedes Wochenende haben sich die Zerpenschleuse-Verliebten die Nase an blinden Fenstern plattgedrückt. Irgendwann erfuhren sie durch Zufall, dass eine Frau ihr altes Haus verkaufen wollte. »Wollt ihr die Hütte gleich mal angucken, kommt ma rin«, hatte die uralte Besitzerin gesagt.

Im Haus war die Zeit vor fünfzig Jahren stehen geblieben. Ihr Wasser schleppte die Hausherrin immer noch von der Pumpe draußen herein – im Sommer wie im Winter. Der Strom kam durch alte, mit Stoff umspannte gekordelte Leitungen. Die Toilette war auf dem Hof, ein Plumpsklo. Ines Schweighöfer erinnert sich: »Aber ich habe die Küche gesehen und die alte Kochmaschine, die schönen alten Fenster und die zwei Ausblicke: nach vorne auf den Kanal, nach hinten ins Feld.« – »Und meine Blicke ...« Michael Schweighöfer grinst. Das Haus hatte Potenzial. Mit der Vorstellungsgabe von Architekten sahen sie sich bereits durch ihre neuen Räume gehen. Dafür brauchte man hier enorme Fantasie.

AKI KAURISMÄKKI VERSTEHT MICH

»Das erste Jahr war total aufregend. Wir wussten nicht, ob wir das alles schaffen würden.« Die Hülle blieb, der Grundriss wurde neu gemacht und das Klima innen durch die Lehmwände enorm verbessert. Alte Dielen wurden

verlegt, historische Ziegel verbaut. Dazu zitiert der Haus-herr den finnischen Filmregisseur Aki Kaurismäkki, den er in Leipzig auf die Theaterbühne gebracht hat: »Kauris-mäkki wurde einmal gefragt, warum er immer alte abge-wrackte Autos mit Schrammen und Beulen für seine Filme benutzte, beispielsweise einen alten Moskwitsch: ›Weil die einfach schöner sind, sie leben und erzählen Geschichten‹, war seine Antwort.«

Die ehemalige Balletttänzerin Ines hatte schon immer ein Faible für alte Sachen und steckte ihren Mann an. Sie hat ein Händchen dafür, Verschlissenes wieder herzu-richten. Zehn Jahre lang hat Ines Schweighöfer interes-santes Interieur, das sie auf Flohmärkten fand und wie-derbelebte, in ihrem Laden am Deutschen Theater verkauft. »Wir hatten auch einen Innenhof, den haben wir begrünt. Zwei riesige Bäume wuchsen zwischen den

Fassaden hinauf in den Himmel, ein Ahorn und eine Erle. Es war ein verwunschener Garten mitten in der Großstadt.« Dann kam ein neuer Hausbesitzer, der sofort die Bäume fällte. »Es war, als ob etwas in mir sterben würde.« Das wollte die Naturliebhaberin kein zweites Mal erleben.

SCHWALBENZUCHT FÜR REGENTAGE

Nun waren sie selbst zu Herren eines Hauses geworden, das bei der Übernahme noch nicht leer war: Die alte Frau, sie hieß Grete, hinterließ sechs Schwalbennester in der Diele, die mit kleinen Schwalbeneiern randvoll gefüllt waren. Mit ihrem Schwalbenhaus war sie die Baba Jaga vom Langen Trödel. Morgens um sechs Uhr musste die Tür geöffnet werden, um die Schwalben herauszulassen. Das war ein Auftrag. Schweighöfers nahmen stattdessen die Glasscheiben aus der Tür heraus, da konnten die Schwalben kommen und gehen, wann sie wollten: »Das war ein Verkehr hier wie auf dem Kennedy-Airport in New York«, übertreibt Michael Schweighöfer.

Nach drei Monaten waren sechzig Vögel flügge. »Ab und zu fliegt heute noch eine Schwalbe in unser Schlafzimmer hinein. Jetzt müsst ihr draußen im Garten brüten, hab ich zu ihnen gesagt.« Ines Schweighöfer entwickelt sich langsam zur Ornithologin: »Ich höre die Nachtigall

im Frühling und den Feldsperling und auch die Kraniche, wenn sie ihre lange Reise vorbereiten. Im vergangenen Jahr standen 86 Kraniche auf dem Feld, ich habe sie alle gezählt.«

BITTE RASANT WACHSEN!

Doch Stare und Sperlinge brauchen Orte zum Bleiben und Nestbau, Bäume. Auch der Garten braucht sie, um sich zu schmücken. Viele gibt es noch nicht auf dem riesigen Grundstück, das sich hinterm Haus bis zum Feld ausbreitet: Ein Nussbaum lehnt am Haus. Und unter dem alten Kirschbaum steht ein ellenlanger Tisch aus Eisenbahnschwellen. Hier wurde schon gefeiert, dass sich die Balgen bogen.

Seinem Sohn Matthias hat der Papa eine Akazie geschenkt, die der Filmstar hier eingepflanzt hat. Drei Birken, flankiert von kräftigen Hortensienbüschen, bilden vor dem Tisch ein Dreieck. Von da aus schaut man durch das Birken-Tor hinaus auf die Wiese. Der Blick in die Landschaft soll frei bleiben.

Die Bäume müssen sich hier ein bisschen arrangieren. Einerseits sollen sie Struktur, Gestalt und Schatten bringen, sollen den Wind festhalten und andererseits Platz lassen für den freien Blick. Sichtachsen sind in diesem

DER ULTIMATIVE GARTENTIPP: AUCH UNKRAUT LIEBEN LERNEN, DINGE, DIE ZWISCHENDURCH WACHSEN. KEINE GERADLINIGKEIT!

Garten kein Zufall. »Am Haus möchte ich meinen Badebottich haben, von dem ich bis zur Holzlaube am Ende des Grundstücks sehen kann.«

Schnell wachsende Bäume, denen man das nicht ansieht, formen das Landschaftsbild. Michael Schweighöfer, das gelassene Unikum, ist ein bisschen ungeduldig, wenn es ums Wachsen geht. Der Garten soll bald üppig aussehen. Weiden gedeihen in Windeseile. Die hat der Gärtner gepflanzt, hat eine Rute in die Erde gesteckt. Nach vier Jahren sind sie bereits stattliche Bäume geworden.

Die Weidenzweige tanzen, wenn der Wind durch sie hindurchfährt. Aber manchmal stört eine Böe auch. »Ich würde gern öfter auf unserer Terrasse sitzen. Wenn ich lese oder Texte fürs Theater lerne, bläst mir der Wind dazwischen. Da müssen noch ein paar Flügeltüren her«, plant er.

»HIER DÜRFEN BÄUME WACHSEN.«

Dann muss man sich nur für den Moment den Windschatten suchen. Denn der Wind gehört zur Freiheit, er lässt sich nicht aufhalten, und Schweighöfers wollen ihn auch nicht aufhalten.

QUEERBEETE

Durch die Arbeit an Haus und Laden lag der Garten drei Jahre lang brach. Die Natur konnte machen, was sie wollte, und wuchs. Wer sich wohlfühlt, entwickelt sich. Michael Schweighöfer schwelgt in prächtigen Pflanzenträumen: »Hier möchte ich den Garten bis ans Haus heranwachsen lassen. Die Terrasse soll von Blumen eingefasst sein.« Die zufällig wachsenden Zinnien in ihren intensiven Farben machen den Anfang. Schweighöfer wundert sich, woher sie kommen. Aber nur ein bisschen. Einen Pflanzenversteher erkennen auch Pflanzen. Die Kübeltomaten sehen aus wie Zierkürbisse. »Und ich dazwischen«, kokettiert der Schauspieler mit seiner Körperfülle.

Fast am Ende des Grundstückes wächst ein kleiner wilder Blumengarten, der die beiden in der Bauphase immer aufgemuntert hat. Hier sprießen Eisenhut, Cosmea, Zinnie, Kapuzinerkresse. Sogar das essbare Hornveilchen blüht im Herbst noch einmal. Dazwischen die Goldrute. Mittendrin eine Weide mit silbrig glänzenden Blättern. Der Mohn ist bereits verwelkt. »Warum haben wir eigentlich keine Sonnenblumen?«, fragte sich der Gärtner mit dem Sonnenhut. Doch irgendwann waren auch sie einfach da, eine Überraschung der Natur – oder die eines Menschen: Als die beiden Haus und Hof übernahmen, hatte die alte Grete hinterm Haus ein riesiges Sonnenblumenfeld wachsen lassen. »Vielleicht war das ihr Geschenk an uns?«

SCHÖNE GRÜSSE AN CLAUDE MONET

Die sagenhafte Vielfarbigkeit ist vor allem den Wildkräutern zu verdanken. Sie schaffen Nuancen, die kultivierten Stauden kaum zuzutrauen sind. Eine Sternwinde dreht sich um die Weide. »Alles soll ganz hoch wachsen, dann stelle ich mir noch eine kleine Bank hier irgendwo dazwischen.«

Der Blumenfreund erinnert sich an den Monet-Garten in Giverny und beschreibt die Rosenbögen und die Kapuzinerkresse-Versessenheit des Malers. Bei Claude Monet wuchs alles ineinander. Es war wie eine Umarmung der Natur.

Gleich neben der Blumeninsel ist der ehemalige Gemüsegarten versteckt: Erdbeerpflanzen, wilde Malven, Echinacea, Rosmarin, Estragon, Schnittlauch, Thymian, acht Minzesorten, Salbei. Mädchenauge neben der Stachelbeere. Kohlrabi und Kartoffeln hat Ines Schweighöfer gepflanzt. Zwischen all den Kräutern und Unkräutern steht eine einzelne Rose, ebenfalls eine Hinterlassenschaft der Vorbesitzerin, nach der die Blume nun auch heißt: die Rose Grete. Der zerzauste Gemüsegarten wird nun Ines' Revier werden. »Ich liebe alte Gemüsegärten, alte Kultursorten, möglichst durch einen schönen Staketenzaun eingefriedet.«

Ines Schweighöfer verarbeitet alles, was ihr im Garten in die Hände fällt. Aus Fuchsschwanz, der Wildform des Mangolds, bindet sie Kränze. Auch aus den vertrockneten Samenständen der Akelei, von deren Blütenformen sich Jugendstil-Künstler inspirieren ließen, entstehen unterschiedlichste Kreationen. Die ehemalige Tänzerin sammelt Formen, Farben und Düfte: »Ich gehe mit dem Körbchen los, pflücke und binde zusammen. Ich probiere aus, was sich trocknen lässt, was hält und was nicht hält, was noch nach Wochen gut riecht.« So entstehen Kunstwerke, für die die Natur brillante Vorarbeit geleistet hat.

»ICH MÖCHTE DURCH EIN BLUMENMEER LAUFEN KÖNNEN.«

DIE GERADE LINIE IST DAS ENDE JEDEN SCHÖNEN GARTENS

Die sattgrüne kurzgeraspelte Wiese zwischen Terrasse und Blumeninsel war im Frühjahr noch ein Gänseblumenteppich. Michael Schweighöfer ist der Rasenmähermann, auch wenn er wilde Blumenwiesen dem strengen englischen Rasen vorzieht. »Ich mähe auch nicht stoisch gerade Linien, sondern in Kurven. Da kommt das flache Land ein bisschen in Schwung.« Der Schauspieler, der die deutsche Gründlichkeit verabscheut, mag auch die chemischen Mittel nicht, um ungeliebter Natur Herr zu werden. »Ich möchte doch die Wildheit der Natur erleben.« Das lässt sich die Natur ja auch besser gefallen. Manche Pflanzen kommen wieder, manche brauchen Jahre. Hopfen und Blauregen ranken, grasgrüner Hopfen vor einer dunkelgrauen Wolke. Blauer und weißer Wein wächst am verfallenen Stall hinauf. Die kleinen Trauben

verstecken sich unter den Blättern. Stockrosen bemalen die Nordwand des Bauernhauses. Hier macht es nichts, wenn der Sommer nur einen Tag lang ist. Natur ist in dieser Gegend jeden Tag schön.

Michael Schweighöfer hatte, wenn er zurückdenkt, immer einen Natur-Nerv. Im Thüringer Wald ist er viel umhergezogen, hat Zweige mit nach Hause gebracht und sein Zimmer damit begrünt. »Ich bin sehr geruchsempfindlich, geradezu anfällig für Gerüche. Ich bringe diese immer ganz stark mit meiner Kindheit in Verbindung. Vorhin sagte ich zu meiner Frau: ›Schnupper mal.‹« Und dann nehmen sie eine Nase voll vom Jasminstrauch und genießen gemeinsam schweigend. Denn für Duft braucht man Ruhe und Platz im Kopf. Und dann kommen die Bilder. Jeder hat seine eigenen Bilder. Da hat die Kindheit Platz oder die Erinnerung an eine Reise ans Mittelmeer.

Genuss ist für die beiden, ganz früh am Morgen im Nachthemd in den Garten zu gehen und den Tag zu begrüßen. Und der Tag grüßt zurück. »Morgens riechen die Rosen am stärksten.«

HOLUNDERBLÜTENGELEE

2 Liter Apfelsaft, goldklar

15 Holunderblütendolden

2 unbehandelte Zitronen

1 kg Gelierzucker

Die Holunderblüten ausschütteln und vorsichtig abspülen, dann in ein Gefäß geben und den Apfelsaft auf die Blüten gießen. Das Ganze einen Tag durchziehen, danach den Apfelsaft durch ein Tuch seien, den Saft von 2 Zitronen und den Gelierzucker hinzufügen.

4 Minuten sprudelnd kochen lassen, in saubere, heiß gespülte Schraubgläser füllen, Deckel aufschrauben, Gläser für drei Minuten umdrehen.

ERIKA ZUCHOLD

Naturstudium

Fünf olympische Medaillen hat Erika Zuchold geholt. Sie war weltweit die erste Turnerin, die einen Flickflack am Schwebebalken turnen konnte. 2005 wurde die Ausnahmeathletin in die »Gymnastic Hall of Fame Oklahoma City« aufgenommen. Gemeinsam mit ihrem Mann Dieter Zuchold, erfolgreicher Radrennsportler, lebt sie seit über vierzig Jahren im Süden von Leipzig. Nachdem sie ihre sportliche Laufbahn beendet hatte, entdeckte sie die Kunst als neues Ausdrucksmittel. Erika Zuchold studierte Malerei, später auch Literatur. Ihre Skulpturen schmücken den öffentlichen Raum beim MDR, sind am Friedrich-Ludwig-Jahn-Museum in Freyburg oder beim Internationalen Olympischen Komitee im schweizerischen Lausanne zu finden. Auch in ihrem Garten stehen einige ihrer Arbeiten. Es ist eine Symbiose entstanden. Die Tier- und Pflanzenwelt, das Leben an sich, inspiriert sie zu diesen Arbeiten, und die Künstlerin gibt der Natur die entstandenen Werke zurück. Der Garten als Rückzug und Inspirationsquelle. Eine Annäherung.

Den Handstand hat sie drauf, auch mit Mitte sechzig. 180 Grad. Kerzengerade nach oben. Doch dieser Handstand von Erika Zuchold ist ein umgedrehter Baumstumpf mit einer Astgabelung. Eine Skulptur. »Ich sehe oft Figuren und Wesen in Bäumen, meist auf dem Kopf.« Sie betrachtet das Leben von verschiedenen Standpunkten, von der Seite, von unten, aus der Nähe, aus der Distanz. Vielleicht liegt das an den vielen Perspektivwechseln, die sie als Turnerin hatte, ob durch Drehungen, Sprünge oder Rollen. Erika Zuchold formt die Dinge aus ihrer Vergangenheit, bleibt dem Sport auf ihre Weise treu. Der Garten ist gespickt mit Skulpturen, die die ehemalige Leistungsturnerin in den letzten Jahren geschaffen hat.

1968. Da war Erika Zuchold Anfang zwanzig. Sie hatte gerade in Mexiko-City zwei Olympische Medaillen geholt. Silber im Sprung und Bronze mit der Mannschaft. Zurück aus der großen weiten Welt, suchte sie Rückzug. Nach den Aufregungen der Wettbewerbe und Reisen brauchte sie ein Ventil. Es sollte ein Rückzug in die Natur sein. Die Nähe zu Flora und Fauna konnte nur ein eigener Garten schaffen. Erika Zuchold kam vom Land, sie kannte blühende Dahliengärten aus ihrer Kindheit, Gemüsebeete, schwertragende Johannisbeersträucher, Hühner und Gänse mittendrin. Aus dem Gartenwunsch entstand die Idee, ein eigenes Haus am Leipziger Stadtrand zu bauen. »Da war die Stadt auch stolz auf ihre Leute, die international etwas zuwege gebracht haben«, erzählt Dieter Zuchold.

> »MIT DER NATUR WAR ICH IMMER SCHON EINS, HABE MIR MEINE KRAFT GEHOLT.«

DER BESONNUNGSPLAN

Das selbst geplante Haus entstand auf 900 Quadratmetern und erinnert ans Bauhaus: Flachdach, winkliger Grundriss, gerade Linien, überdimensional große Fenster, auch statisch eine Herausforderung. Schon während des Baus hat Dieter Zuchold einen »Besonnungsplan« angelegt. Monat für Monat hat er den Verlauf der Sonne zu jeder Tageszeit akribisch eingetragen. Er beobachtete, wie die Sonne lange Schatten oder verschiedene Muster malte. Der Besonnungsplan war ein ideales Werkzeug, den Garten zu gestalten. »So konnte ich sehen, wie unser Haus im Lauf des Jahres Schatten in den Garten wirft. Da habe ich den Standort des Pools festgelegt, der am Abend noch die letzten Sonnenstrahlen erwischt.« Oder er suchte die beste Position für die Hollywood-Schaukel Marke Eigenbau, damit die Zucholds den Sommertag noch lange ausdehnen konnten.

GARTEN-LABYRINTH

Eine große Pergola, die die Flucht der Hauswand auf-nimmt, wurde als Sichtschutz zur Straße angelegt. »Vor vierzig Jahren hatten wir hier nichts. Ich habe das mit der Raupe alles plattgemacht. Danach Grassamen drauf. Wir saßen auf der Grünfläche wie auf einem Präsentierteller. Nur der Zaun rundherum. Beim Kaffeetrinken konnten uns die Leute von der Straße zugucken. Das war nicht uninteressant. Auch für uns. Man lernte sich kennen.« Dieter Zuchold ist ein geselliger Mensch. Doch war der Garten ja als Rückzugsort angeschafft worden. So pflanz-ten die beiden entlang des Zaunes immergrüne Konife-ren, Wacholder, Kirschlorbeer, um auch im Winter eine grüne Hülle um sich herum zu haben. Die Pergola bot Sichtschutz Richtung Westen. Dafür nahm sie die Nach-mittagssonne an diesem Plätzchen weg. So entschieden die beiden, Wein ranken zu lassen. Eine gute Entscheidung für einen guten Geschmack. Hinter der Pergola wachsen etliche Obstbäume. Ein paar Kräutertöpfe stehen im Freien. Am Eingang ufert Topinambur aus, eine Knollenpflanze, deren Name von einem indianischen Volk stammt. Bis zu drei Meter wird die krautige Pflanze hoch. Erika Zuchold isst die süßliche Knolle mit dem hohen Eiweißgehalt roh oder als Gemüse.

Das strenge Gestaltungsprinzip des Hauses setzt sich auch im Garten fort. Parkähnlich wirkt das Refugium wegen seiner vielen immergrünen Gehölze, die sich am Rand des kurzgeschorenen Rasens als Doppelgürtel anordnen. Die Wege verlaufen immer geradlinig, parallel oder rechtwinklig zueinander. Familie Zuchold hat Büsche an Ecken gesetzt, um eine Kreuzung zu markieren. Weil die Hecken mittlerweile mannshoch sind, wird man das Labyrinth-Gefühl nicht los, wenn man hindurch läuft. »Dass unsere Hecken und Obstbäume mal so hoch werden und wir immer wieder schneiden müssen, wussten wir schon. Doch man wird ja dabei nicht jünger. Irgendwann ist uns die Leiter zu wackelig.« Dann ist die Natur nicht mehr in den Griff zu kriegen. »Vielleicht sollten wir die arbeitsaufwendigen Pflanzen dann durch pflegeleichte ersetzen.« Schließlich wollen sich die beiden

DER ULTIMATIVE GARTENTIPP: SCHENK DEM GARTEN AUFMERKSAMKEIT, KREATIVITÄT UND VIEL LIEBE ZUM DETAIL, UND ER GIBT DIR INNEREN FRIEDEN UND GLÜCKSMOMENTE.

ja auch nicht verschanzen. Die Nachbarschaft könnte nicht besser funktionieren, die Gespräche von einst, über Kaffeetisch und grüne Wiese hinweg, sind intensiver geworden.

OFFEN BLEIBEN

Mit dem Pflanzen von Bäumen und Gehölzen haben sich die Zucholds auf Jahre festgelegt. Möbel dagegen kann man rücken. So ist das Mobiliar aus gutem alten DDR-Plaste leicht zu bewegen, wenn die Sonne wandert. Und sie bewegt sich stündlich und täglich. »Wir gehen mit der Sonne mit, und am Abend spielen wir noch eine Runde Canasta im Garten. Man muss sich anpassen können, variabel sein. Wie im Leben auch, offen sein für das, was kommt«, sagt der Fünfundsiebzigjährige. Wenn die letzten

Sonnenstrahlen eingefangen wurden, geht's ins Haus. Erika Zuchold fröstelt schnell. »Ich bin wie eine Mimose.«

Die beiden Sportler haben sich heute neue Gestaltungsfelder gesucht: Dieter Zuchold als Haus- und Gartenspezialist, Erika Zuchold als Bildhauerin in ihrem Garten. Die strenge Garten-Geometrie lenkt den Blick auf die Skulpturen aus Holz und Rochlitzer Porphyr. Das »Buch des Lebens«, eine der Lieblingsskulpturen von Erika Zuchold, ist drei Tonnen schwer. Es brauchte ein Plateau für dieses Gewicht und eine extra Hebebühne. Der ehemalige Radrennfahrer baute nicht nur Fundamente für die Skulpturen. Er baute für Erika Zuchold und ihre Ausdrucksformen das Haus mit großen Atelierfenstern, einem Tanzsaal, einer Druckerpresse und einem Arbeitsplatz im Garten. In ihrem Freiluft-Atelier entstehen die überdimensionalen Arbeiten, die viel Platz brauchen. Hier bearbeitet sie den Stein mit ihren Ideen und Erinnerungen.

DER WEG ZUR KUNST

Es war kein plötzlicher Einfall, künstlerisch zu arbeiten. Die fragile, zierliche Frau hat schon während ihrer Sportkarriere gezeichnet: »Wenn ich eine Niederlage erlitten habe, Ärger mit irgendjemandem hatte oder wenn ich verletzt wurde, habe ich das in meinem Tagebuch abge-arbeitet.« So sind auch Fratzen und skurrile Wesen entstanden. Während ihrer aktiven Phase musste sie oft ins Krankenhaus: 1971, sie kam gerade von der Europameisterschaft in Minsk zurück, war es eine langwierige Geschichte, die sie länger ans Bett fesselte. »Als Leistungssportlerin ist man nicht für Ruhe geschaffen.« Auf ihrem Krankentisch standen mitgebrachte Blumen, die zu welken begannen. Erika Zuchold fing an, diese Blumen abzumalen. Naturstudium. Später half ihr jemand, über das flächige Malen hinauszukommen. Sie fand heraus, wie man mit Licht und Schatten arbeitet. Und plötzlich wurden die Rosen plastisch. »Es war wie ein Vulkanausbruch in mir. Ich wollte noch viel mehr darüber wissen.« Der kreative Schaffensprozess war ausgelöst.

»Ich konnte Stillstand nicht ertragen.«

Nach ihrem Studium, nach ihren Ausflügen in die Malerei und Grafik begann Erika Zuchold, bildhauerisch zu arbeiten. Immer waren Ausschnitte aus der Natur ihre Motive. In der Natur zu arbeiten, hat ihren Weg zur Bildhauerin sicher auch beflügelt. Zuerst hat sie Holz bearbeitet. Sie ließ sich eine Platane, die in der Nähe ihres Gartens gefällt worden war, mit einem Kran über ihren Gartenzaun heben. Im Laufe der Jahre ist das Holz allerdings zerfallen. Es war der ganz normale Vorgang der natürlichen Zersetzung, auch ein wichtiger Prozess für Erika Zuchold. Stein dagegen ist beständiger. Während einer Sommerakademie lernte sie einen Kunstprofessor kennen, der seit vielen Jahren in Kanada lebt. Er hat sie zu einem anderen Material geführt: Naturstein. Vor allem einheimische Steine kommen unter ihre Meißel, Rochlitzer Porphyr, Sandstein oder Zöblitzer Serpentin aus dem Erzgebirge.

INSPIRATION AUS KANADA

Dreimal reiste Erika Zuchold nach Kanada zu diesem Professor, um dort zu arbeiten. Sie lebte auf einer Farm mit fünf Seen und einer grandiosen Endmoränenlandschaft. Wilde Natur. Gespenstische Wälder, die von Bibern zerfressen waren. Sie war den ganzen Tag allein auf der Farm nahe Montreal. Der nächste Nachbar ist gerade noch zu sehen. Das bereitete ihr keine Schwierigkeiten. »Ich bin eher die Einsiedlerin.« Sie saß in einem Zimmer, malte und malte und merkte nicht, wie es dunkler wurde. »Im ehemaligen Indianer-Gebiet, in Tamaracouta ist es so dunkel, dass man draußen ohne die Sterne und den Mond nichts sehen kann.« Erika Zuchold wusste, dass um das Haus herum Wildnis war. Es gab Schlangen, die tagsüber gern auf den Steinen in der Sonne lagen. Daran musste sie denken, wenn sie durch die schwarze Nacht ging, um zum Wohnhaus zurückzukehren. »Solche Angst hatte ich noch nie.« Es war wie eine Urangst, eine ganz neue Erfahrung. Das sagt die risikofreudige ehemalige Turnerin.

Dabei gab es immer Ängste in ihrem Leben. Die Angst, bei einem Wettbewerb zu versagen, die Angst vor einer Verletzung, die Angst vor der Zukunft. Nach der Wende hatte sich Erika Zuchold auf ihrem Grundstück verkrochen, schuf sich hier »Höhlen«. Der Garten war ihre Außenhülle, ihr Schutz. Es entstanden Arbeiten, in denen

der Zweifel ihr Motiv war – auch diese im Garten. »Ich war immer nahe dran an der Natur, ob in Kanada oder bei uns zu Hause.«

Manchmal ist sie so nah dran wie kein anderer. Dann taucht sie ein in eine andere Welt. »Neulich habe ich eine Hummel beobachtet, wie sie Nektar aus einer Blüte trank.

Ihre kleinen Beinchen waren schon ganz versunken im Nektar. Sie trank und trank, und es fiel ihr sichtlich schwer, aus dem Klebsaft wieder herauszukommen. Da habe ich sie gestreichelt, und sie ließ sich streicheln.« Dass die Hummel stechen könnte, kam ihr nicht in den Sinn. Und sie hat es auch nicht getan.

TOPINAMBUR-PFANNE

200 g Topinambur

200 g Kartoffeln

200 g Möhren

250 g Sellerie

200 g Champignons

Pfeffer, Salz

3 Eier

100 g Gouda

Topinambur und Kartoffeln gut abbürsten und ungeschält in Achtel schneiden. Möhren und Sellerie schälen und in Würfel schneiden. Butter in einer Pfanne erhitzen, Gemüse hineingeben, Pfeffer und Salz darüber streuen und bei starker Hitze kräftig anbraten. 5 Minuten braten lassen. Champignons abwaschen und vierteln, zum Gemüse geben und weitere 10 Minuten braten lassen. In der Zwischenzeit die Eier mit etwas Sahne gut verquirlen, über den Gemüsemix geben und unter einem Deckel stocken lassen. Alles wenden, Käse auflegen und überbacken lassen.

ISBN 978-3-355-01798-5
© 2012 Verlag Neues Leben, Berlin
Umschlaggestaltung: Buchgut, Berlin
unter Verwendung eines Fotos von Dirk Schneider
Druck und Bindung: AZ Druck und Datentechnik GmbH

Ein Verlagsverzeichnis schicken wir Ihnen gern:
Neues Leben Verlagsgesellschaft mbH & Co. KG
Neue Grünstraße 18, 10179 Berlin
Tel. 01805/30 99 99 (0,14 €/Min., Mobil max. 0,42 €/Min.)

Die Bücher des Verlags Neues Leben
erscheinen in der Eulenspiegel Verlagsgruppe.

www.verlag-neues-leben.de